フッサール現象学における多様体論

信木晴雄

人文書院

目次

第一章　論理の基づけ構造

フッサール現象学における多様体論

本書は平成十九年度旭川大学学術図書出版助成の対象になり刊行された

序論

第一節　現象学における「多様体論」

フッサール（一八五九―一九三八）の現象学の研究史において「多様体」は、これまで主題としては殆ど顧みられてこなかった。それは「多様体」が単なる混沌、カオスと同義であると考えられてきたからである。しかし、フッサールの現象学にとって、「多様体」をそのような瑣末なものとして位置づけてよいのであろうか。本論文は、数学者として出発したフッサールが当然十九世紀の「数学的多様体論」の可能性を洞察しており、「多様体論」が初期の現象学から非常に重大な核心を形造り、解釈の主導的な枠組を提供していたことを初めて解明するものである。

数学において「多様体（Mannigfaltigkeit）」は、公理論の体系を備えた「集合」である。「集合」としての「数」は、「単位」から加法によって形成される「数多性」を備えている。加法の生成には「無限」の「結合可能性」が内含されている。さらに、幾何学的な直線を埋め尽くす「点の集合」は連続的な系列であり、その直線の「無限分割」からは、点の「連続体（Kontinuum）」が案出される。この「集合」は、内容を総括する形式を通じて統一されたイデア的な存在である。

ニュートン（一六四三―一七二七）、ライプニッツ（一六四六―一七一六）らによって十七世紀後半から十八世紀にかけて発展した微積分学は、十九世紀初頭にラプラス（一七四九―一八二七）を介して力学や天文学の領域を全面的に統制するようになった。そして、「純粋数学（代数方程式論、数論）」から「応用数学（天文学、物理学、統計学）」がはっきりと枝分かれしてきた。十九世紀半ば、リーマン（一八二六―六六）によって連続的に変移する自然現象を統一的に表現する形式としてn-重に延長する「n-次元多様体」が着想された。この考えは、後に現象学では直線に含まれる「点集合」のように数学的な連続に限定されるのでなく、さらに「集合の集合」を「入れ子」として包括することによって、経験の連関を様々な次元で哲学的な意味で統一する構造にまで深められることになる。それまで自然の現象は無限小の粒子が働く力によって間接的な仕方では捉えられていたが、そこにはまだ「計量」という自然を統一的に扱う規則は定められてはいなかった。それまでの古典的な微積分学は、記号による計算術に留まり、解析学を準備する代数論であった。リーマンによる「自然の内奥」に関する研究は、近接作用を表現する微分によって記述される「数学的物理学」である。この自然現象の内に仮定された「力」は、粒子の運動方程式によって表現されている。こうして、ア・プリオリな数学の思考法は、無限小の領域においても真の自然法則が現われることを全面的に認めることになり、ア・ポステリオリな自然科学のそれまでの「方法論」を新たに内容豊かに規定し直すことを可能にする。現代では「n-次元多様体」は、微分によって定義される普遍的な「位相空間」を指す。したがって、無限小を解析する微分と深い繋がりをもつ「多様体論」は、全くの混沌としてではなく、秩序をもつ合法則的空間を解明する「集合論」として理解されるのである。

二十世紀初頭、フッサールは、この統一的な秩序に依拠して、「多様体」を「意識宇宙」に適用した。現象学的な意識の記述は、具体的な意識の様態を対象とする。個別的に与えられる意識の内容に関する記述は、勿論、数学的精密性をもったものではありえない。だが、「多様体」という秩序を導入するとき、「或るもの

(ein Etwas)」に向かう意識の働きは、「形相(Eidos)」と見なすことができる。「意識宇宙」に適用可能な「形相」としての「多様体」は、多様な次元で「普遍」を表現することになる。「形相」は可能的な存在であるが、フッサールは特に意識に適用するさい、「能作」や「機能」の普遍的形式という意味で用いている。意識の内容は「本質」と呼ばれるが、通常の概念内容を指す。

「普遍」は「個物」に対する実在であるが、個物の形式的側面を考察する「普遍学」は形式存在や論理学を拡張したものを指す。「多様体」はイデア的な存在であるが、「確定的多様体(definite Mannigfaltigkeit)」という「数学的多様体」の考察には細心の注意が必要である。フッサールにおいては、「多における一」を見出しても「多様を手放さない」という考え方によって、多を保持する「受容性」と一を与える「能動性」とが緊密に結びつけられている(IX 78)[1]。それは、「或るもの」への志向性が多様を総括して共通の「普遍」を見出す意識の働きによるからである。「多様体」は「確定性(Definitheit)」という数学的な術語において示される数学的なイデア性と論理的な特質を備えている。「確定性」の本来的な意味は、公理系に含まれる定義が演繹的に導出されて「確定」されることである。現象学では意識に見出される「形相」が「具体的な確定的多様体(konkrete definite Mannigfaltigkeit)」と呼ばれる(III154)。「多様体」とそれを包括する統一理論である「多様体論」を現象学に導入するフッサールには、具体的な意識の多様を「単なる寄せ集め」としてではなく、形式的秩序を介して「確定的」に捉えようとする哲学的意図があったからである[2]。

志向対象が予め対象一般として成立するための条件が「無矛盾」である。そのため、演繹導出の体系を成す「多様体論」は、論理的な特質をもつ形式存在論のもとに包括される。元来、志向性は充実を目標としており、充実過程としての「現出様式」には、未規定に留まる生動的な奥行きが首尾一貫した経験地平として伴われている。知覚意識には未規定ながら規定の方向を示唆する「類型」を産出する可能性が経験の脈絡として保持されている。イデア的な「形相」は知覚にとって感覚内容の「類」を満たす経験の可能性としての枠組をなす。このようにして「現出の多様体」から経験可能な「類型の多様体」が産出される。[3]

世界は対象一般の「集合」として成り立つ「総体性」である。形式存在論において「或るもの」を通じて構成される形式は、「連続体」を「無限小」に分割する解析学上のものとして理解される。経験を秩序付ける「理念」として「多様体」が捉えられるとき、それはまた、認識形式の「観念性」として中期の『イデーン』の「超越論的観念論」へ発展する動機になる。[4] 理念的な意味での意識の能作が、「多様を手放さない」という経験の連関を統一する構造と見なされる。フッサールは世界の現実存在を否定しないが、その存在の意味を「超越論的主観性」との相関において解明しようとする。「観念性」は「超越論的能作」の所産としての心理的実在にも物理的実在にもイデア的存在にも認められる。実在は空間‐時間規定をもつ個的存在であるが、非時間的存在はイデア的存在となる。フッサールはカントから認識の見方として「超越論的(transzendental)」という術語を引き継いだが、カントのそれがア・プリオリな領域に限定されるのとは異なる。

以上まとめると、「意識宇宙」としての「世界」は、「能作」の側から見るとき、「類型」や「形相」として捉えられ、主観的な「能作」は「混沌」ではない。つまり、構成の働きとしての「超越論的主観性」の内部に、「世界」が「相関項」として成立しており、全てを呑み込む主観性が「多様体」として理解されることになる。それは「形相」としての秩序と「n‐次元」の言わば入れ子構造を兼ね備えている。晩年、フッサールは『形式論理学と超越論的論理学』で、初期の『論理学研究』を振り返り、存在論を背景とする「超越論的観念論」を通じた心理主義の克服というこの課題を再び確認している。[5]

第二節　初期フッサールの数学的な思想背景

二十世紀初頭、解析学の算術化が数学を論理学へ向けて基礎づける論理代数上の重要な役割を果たした。それは数学という構築物を「数論」の基礎の上に厳密に「理論化」しようとするものであった。そこでは、ワイアシュトラス（一八一五—九七）、デデキント（一八三一—一九一六）、カントール（一八四五—一九一八）らによって有理数の集合として定義される「実数論」が形成され、ペアノ（一八五八—一九三二）によって自然数の算術が純粋に論理的概念にのみ基づいて公理化されている。この公理系の算術化は形式的に遂行される。フッサールの超越論的な立場には、このような「普遍的算術」による論理学の形式的な基礎づけという、「解析の方法」に共通する「厳密な方法論」が見て取られる。初期フッサールの思想形成には本格的な数学者としての問題意識が不可欠のものである。形式化によって算術を基礎づける「純粋数学」の動向は、その後の現象学の「超越論的観念論」への発展の萌芽を示している。

a．数学の哲学

フッサールは、一八七八年から一八八一年にかけて、ベルリン大学のワイアシュトラスのもとで解析関数に関する演習や講義に六学期間参加している。それから、一八八一年冬と一八八二年夏学期にかけてウィーン大学に転じ、ケーニヒスベルガーのもとで「変分法（Variationsrechnung）」に関する博士論文をまとめる。一八八二年十月、フッサールは博士号を取得して、一八八三年夏学期にベルリンに戻り、私的助手としてワイアシュトラスが「アーベル関数（楕円関数）」の研究を仕上げる手助けをしている。(6) ワイアシュトラスは数学と自然科学の関係について無関心ではなく、楕円関数が振り子の振動法則を表わすことを報告している。だが、彼は、リーマンが自然認識から刺激を受けて新たな数学を構築したのとは異なり、定式化された応用数学を厳密に仕上げることに専心している。

フッサールは、一八八四年から一八八六年にかけてウィーン大学に戻り、ブレンターノ（一八三七―一九一七）のもとでイギリス経験論に与した内的経験の記述に徹した哲学を学んでいる。[7] その後、一八八六年から一八八九年頃、遅くとも一八九〇年初めまで、初期フッサールの「数学の哲学」を導いた探究方法は、ワイアシュトラスによる解析学の形式的方法である。ここに、解析学において導入された究極的な基礎づけの「方法論」が、フッサールでは数概念の心理主義的分析を通じ、哲学に応用されることになる。

一八八七年、フッサールはブレンターノの推薦により、ハレ大学に移り、シュトゥンプフ（一八四八―一九三六）のもとで大学教授資格論文「数の概念」を完成する。フッサールはワイアシュトラスによってはそれほど問題視されていなかった「数える」という心的作用をより深く、その認識機能に問題点を移して考察を進めている。フッサールは数について、本来的表象と記号的表象とに区別する観点を導入した。本来的な数として「数える」ことは、並べることによって系列という秩序をもたらし、それは次の段階では記号によって表わされる関係をつくる（XII294）。数の基礎づけが、数えるという操作による「数的算術」から、記号を用いる「普遍的算術」へと分岐することになる（XII309）。

これはまず、「多様を総合する」さいの結合の操作と見なされ、内容を総括する心的作用としての志向性の探究へと向かうことになる（XII310）。内容を総括する作用には、「なんらかの或るもの（ein irgend Etwas）」という空虚な統一が前提される（XII335）。「或るもの」は特定の内容を備えていなければ思考され得ない（XII336）。「或るもの」を形式的に結合する操作を通じて成り立つ関係は普遍的な数を導くものとなり、これが「普遍的算術」の操作として捉えられる。「普遍的算術」こそ、虚数や無理数という「複雑な数体系」へ適用され、これがフッサールにとって、形式論理学の一部として次第に自覚されてゆくことになる（XII311）。普遍的な記号の方法は、「普遍的算術」を通じて記述的心理学という非数学的な探究にまで拡張的に用いられることになる。この「普遍的算術」の方法は、『算術の哲学』（一八九一）の序文で明確に述べられている（XII8）。それによると、『算術の哲学』は「基数」の研究をまとめたものではあるが、「数的算術」の立場は一八九〇年までには「乗り越えられ、破棄された過去のものに属する」と記されている。

新しい立場は、「数多性」や「基数」の把握を「数える」という心理作用に帰着させるのではなく、より普遍的な論理学の記号操作によって哲学的に理解しようと努めるものになる（XII6）。ここに、概念領域を規定する「普遍的算術」を論理的側面から考究する「数学の哲学」が登場する。この場合、自然数の体系は形式的-演繹導出を通じて「確定」される対象や概念の「領域」をなすが、その体系を構成する働きは、依然として主観的な「数える」という心理主義的な働きに限定されている（XII7）。この時期フッサールは論理学が判断の技術であるという心理主義的な考え方に留まり続けており、その「解析の方法（連続性の分析）」もまだ「技術の一種」として捉えている[8]。

フッサールは虚数、無理数、微分、積分、連続に関する従来の規定の曖昧さを払拭するため、直観的なユークリッド幾何学の方法に頼らない解析学における「より論理的な明晰化」を完遂しようとした。そのさい、この基本概念が明晰にその基礎を与えられることについては、いささかの疑念も抱かれてはいない。この解析学の論理的な明晰化の方法は、従来の幾何学的な直観を排斥する方法であり、当時、確固とした思潮を形成しつつあった非ユークリッド幾何学という新しい幾何学の公理に関する革新に共鳴するものとなる[9]。

フッサールは記号計算を、主にライプニッツの「普遍学（mathesis universalis）」に従い、思考の技術である「普遍言語」として導入している。形式的な計算法は算術的な課題を内蔵しており、言語としての意義も備え、記号によって規定的に対象へ関係する。この対象への関係は、シュトゥンプフに倣い「機能（Funktion）」と総称される。当時のフッサールの現象学は「実験現象学」と呼ばれるシュトゥンプフの立場に近い経験的な性格を備えている。

思考技術が普遍的なものになるのは、その「機能」が「関数」として、「変項（Variation）」になる感性の働きを通じ、記号計算を介して思考を論理的に「規整」するからである。フッサールはこのようにして学問が「自然の純粋数学」によって基づけられるものであると確信した。[10] この計算は概念の内容を計算する「内容論理学（Inhaltslogik）」へと応用される。記号の結びつきによって成り立つ論理学が、記号の運用に関わる心理学に由来するということは、シュトゥンプフの師にあたるブレンターノに遡る教説である。フッサールは伝統的な外延論理学を批判して、「主語-述語」の関係をより内包的な関係によって捉えている。当該の概念は「概念対象」と呼ばれ、それらを「思考対象」である「集合」に当てはめる「多様体上の計算」が考案される（XXII53）。記号計算は感性的な変項の多様を介して論理的な思考を定める。この計算は感性的に認められる対象の徴表を概念の内包に帰着させる方法である。「多様体」は「徴表の総括」と見なされ、その総括が「多様の統一」としての対象を指示するとされる。心理的に与えられる概念の内容を計算するのは、「徴表を代表象する機能を備える複合」である「多様体」を介してである。「多様体」は元来が演繹導出の形式統一をなしているから、計算操作が体系上に成立することができる。これが記号の計算を通じて、イデア的な「概念対象」を示すことになる（XXII400）。

一八九四年末までに、フッサールの関心は次第に変化して、「算術の哲学」から「論理学の哲学」へ移行する。フッサールは解析学における本質的方法を新しい「論理学の哲学」の方法へと拡大し、より反省的な探究を続けている。それは、公理による基礎づけや形式論理学における基礎づけとして「新しい存在論」に到達することになる。そこでは、心理主義から決別する契機として「厳密」な幾何学的な性質が取り上げられている。幾何学的に与えられる形態は「厳密な理念」を思考するために記号によって「代表象」される。[11]

フッサールは、この心的現象を客観化する方法の批判的な検討を通じて、体系的な著作として『論理学研究』を彫琢したのである。(12)

b. ボルツァーノへの関心

心的現象を連続的な変移として捉えていたブレンターノは、内的現象としての「内的時間意識」を「連続体」と呼んでいる。その「連続体」に関する記述的心理学の講義では、ボルツァーノ（一七八一―一八四八）の『無限の逆説』（一八四八）が検討されていた。この時期、フッサールはブレンターノによって再発見されたボルツァーノによる「命題自体」や「表象自体」における「永遠の真理」という考え方によっても影響を受けている。ブレンターノの行った論理的な判断の心理学的な探究は、ボルツァーノによる論理的な操作に関する分析に促されたものである。ブレンターノにおいて経験的な明証性はあくまで「事柄の本質」に則したものであり、それは、ボルツァーノが定式化している「それ自体における真理」のプラトン的な明証性に等しい。ボルツァーノでは「命題の集合」は、数列と同じように「無限」を指す。「ボルツァーノ・ワイアシュトラスの定理」と呼ばれる解析学を基礎づける定理は、次のように表わされる。それは、「ユークリッド空間の有界閉集合に属する無限点列はこの集合のある点に収束する部分点列をもつ」という定理である。(13)

リーマンの弟子であったハンケル（一八三九―七三）は、『無限の逆説』について、「解析学」を基礎づけるため実数の連続を解き明かすという純粋数学的なその影響力を初めて報告した。また、ハンケルは思考領域に抽象的な計算法を導入する形式化を「純粋数学」の方法と見なし、公理の論理的な帰結が真理であることを強調している。フッサールは『論理学研究』で、ハンケルの『複素数の体系』（一八六七）における形式の体系（記号による演算の体系）を思考の結合に相当する「形式的数学の典型」として、リーマンやグラスマン（一八〇九―七七）による代数論の公理化に発展する「ベクトル空間」と並べて注目している。[14] フッサールが心理主義から現象学的な「観念論」へと自らの立場を移した動機の一つには、「数える」という「量の算術」から結合するという「形式の数学（集合論）」への思考法の変転が見て取られる。

ボルツァーノは初めて「無限集合」を定義して、その性質について優れた研究をしたのである。それは無限を有限なものが限りなく繰り返されるという生成的なものとしてではなく、「それ自身で存在するもの」として積極的に規定している。彼は、「無限集合」をその「真部分集合」と「同等」であることと定義して、十九世紀の数学的な思想動向を決定づけた。「同等」は二つの「集合」が、その部分で一対一に対応することである。これは、後のカントールでは「濃度が等しい（gleichmächtig）」ことである。即ち、「全体と部分とが要素の数多性の点で等しい」ということを「その濃度が等しい」と再定義するのである。そこでは古典的な「無限」と整数列による直観的な構成とが結びついている。これがボルツァーノでは、ある「無限集合」が別の「無限集合」を包含することができるという「無限の逆説」とされたのである。一般にn個の真理存在からn＋1番目の真理存在が証明されるとき、無限に多くの真理存在が、数学的な帰納法を通じて証明され、われわれの認識において真理の認識が可能になる。[15]

ボルツァーノの「真理自体」は「命題自体」というイデア的存在において理解される。イデア的存在の自体性は、学問や論理学の可能性の条件を提供する。「命題自体」とは、人が立言したり、考えたりすることに関わらず、「真偽」いずれかがあてはまる「それ自体で存在する命題」である。そこで「命題自体」は、しばしば「真理自体」と同じ意味で用いられることになる。それにたいして、心理作用によって成り立つ命題は、現実の表象作用から成立しており、「考えられる命題」として「命題自体」から区別される。「命題自体」のうち真なるものが、われわれが独立の真理として認める「真理自体」である。「命題自体」は意味統一として表象されるだけであり、それは外的対象としては存在するものではない。この心理学に解消しないイデア的真理が認識形式として捉えられるという見方もフッサール現象学における「超越論的な論理学」に影響を与えている。

c．ヒルベルトの公理主義

フッサールにおける「厳密性」を配慮する学問論は、基本的な論理概念が基本原則から演繹的に導出され、「一義的に確定される」という公理主義にごく近いものである。このことは、ヒルベルト（一八六二―一九四三）による「公理の完備性」やカントールの「素朴集合論」に見られる「プラトン主義」にも強く影響を受けている。ヒルベルトはカントールの「素朴集合論」を、「整列順序数」に不可避的に見出される「矛盾を含む全体者」という逆理の発見にも拘わらず、「純粋理性の最高の所産」と称賛している。

ヒルベルトは一八九八年の冬学期、ゲッチンゲン大学で幾何学の講義を行い、それを一八九九年『幾何学基礎論』として出版した。フッサールがゲッチンゲン大学に在職したのは一九〇一年から一六年までである。ヒルベルトはユークリッド公理系を徹底的に再吟味して、それらを全て、結合・順序・合同・平行・連続という五種類の公理群にまとめ、それら公理の相互の独立性を証明して、「算術の公理」の「無矛盾」を仮定してから、幾何学の公理系の「無矛盾」と「完備性」とを証明している。「算術の公理」とは連続の公理を除いた「計算規則」である。公理は、それが真理であることは論証されないが、公理系に基本的な出発点を与える。また、公理は論理的な真理の体系をなす帰結の基礎に考えられる諸仮定である。例えば、空間直観が論理的な基本概念として初めに捉えられるとき、そこから様々な認識が流れ出す「源泉」を与えることができる。

認識の源泉を論理的な公理として把握する思考法は、フッサールでは形式論理学の優位を通じて心理主義から現象学に至る道筋を描く理念的‐数学的な転回をもたらした。これは、現象学が当初から数学と同じように理解されるイデア的な「本質論」を求めていたことを示している。ヒルベルトの形式主義では、直観的連続が空間上の点によって満たされることが論理的完全性の反映であるが、フッサールでは内的経験の連続が「超越論的観念論」におけるノエシス-ノエマ構造に影響を与えている。フッサールは、表象の反復可能性という「無限」を積極的に自らの「超越論的現象学」に導入して、それも「主観の能力」として規定しており、それには繰り返しを通じて同一に留まる本質のイデア性が対応すると考える。また、フッサールでは公理そのものは、ユークリッド的な点や面、直線に親しい形態性を保っており、範疇的に構成される形態や論理的な基本概念となる。

ヒルベルトの公理は理論を形成するための基礎的な仮定であり、公理A_1,……,A_nから命題Bが導かれるならBを公理として付け加えるのは無駄である。公理系の独立性はどの公理も他の公理から導かれないことである。公理系の独立性を示すためには、その公理の否定と他の全ての公理を満たすモデルを作ればよい。「無矛盾」とはその公理から矛盾、即ち、一つの命題とその否定が同時に証明されないことである。[16]

フッサールでは、数も「n-次元多様体」の一つと見なされるが、そこに含まれる「数多性」である「集合」は、連続的に変移する「点の集合」でもある。フッサールは、「多様体」が「虚数問題」によって一八九〇年初頭から導入され、「確定性」という考え方がヒルベルトの公理主義に与かることを『イデーン』で述べている（III153）。フッサールがヒルベルトから採用したイデア的な思考法は次のものである。形式的-数学的な意味で、完全性とはその公理系を満たす対象（形態）が本質的に一通りに定まる（定義される）ことである。そして、純粋に形式的な帰結をもたらす公理によって成り立つ体系が、命題における真偽を「確定」する形式を提供するということが重要視されてくる。[17] フッサールの独自の「確定的多様体」については第四章第五節で詳述する。また、「命題論的な多様体」については第五章で解明する。

第三節　リーマンの多様体論

一八五四年、リーマンは「幾何学の基礎にある仮説について」という教授資格取得講義（死後、一八六六年、『ゲッチンゲン学術協会論文集』上で公表）によって「多様体」を普遍的な空間として最小限の数式によって呈示している。この空間には彼の幾何学、物理学、哲学上の関心が総合されている。リーマンが「多様体」を通じて幾何学的な空間の普遍化を敢行した背景には、それ以前のユークリッド幾何学の公理の自明性が、学問論的に問題視されてきた当時の思想動向の不安感が見逃せない。古来、注釈者の間でユークリッド幾何学の公理群には幾つかの不均衡が指摘され、数々の修正的論証が試みられている。

加えて、カント（一七二四―一八〇四）は、それを『純粋理性批判』（一七八一）で空間論の「超越論的」な基礎づけとして哲学的な問題圏に導入した。このことが、一挙に幾何学的な空間論を新しい局面へと「転回」することになる。十九世紀初頭には空間の論理的基礎を感性的経験のみによって与えようとする陣営と幾何学的空間をあくまでもア・プリオリなものとして基礎づけようとするカントに与する側とが、激しい論争を始めている。

十九世紀半ば過ぎ、それまで人間理性の限界を破るものとしてタブー視されていた非ユークリッド幾何学を空間の普遍化としてリーマンが構築したことは、それ以前にカントが想定していたア・プリオリな公理という真理の自明性を修正することになる。カントはア・プリオリな空間を「人類全体」に結びつけているが、これは実は特殊な見方である。元来、スコラ哲学では、「理性からの認識」というカント的な意味ではなく、「原因からの認識」がア・プリオリ（より先なるもの）と呼ばれていたからである。リーマンが否定したのは、

「三次元空間が唯一のア・プリオリである」という点であり、ア・プリオリの多様な体系が認められるさいも、ア・プリオリとア・ポステリオリという対照関係は保たれる。カントが唯一のア・プリオリとした三次元空間もリーマンの空間概念には特殊な例（曲率が０の場合）として含まれており、その妥当性は留められている。ア・プリオリが多様に成立するという考え方は、フッサールにも「その都度のア・プリオリ」として受け継がれている。二十世紀には多様な公理系の正しさが、経験によって確証されうるようになった。それは、「ア・プリオリ」が仮説になったからである。フッサールはカントのア・プリオリの「唯一性」を否定するが、ア・ポステリオリな経験を説明するア・プリオリな形式としての公理という考え方は引き継いでいる。ア・ポステリオリな自然を説明するア・プリオリな理論は多様に存在しており、その「理論の理論」が「多様体論」なのである。リーマンの「多様体論」を契機として、幾何学的数学において「構造主義的数学」が登場し、現代の公理論への道筋がひかれることになったのである[18]。

　リーマンでは「n-重の拡がり」としての「多様体」は、「n-次元多様体」と呼ばれ、それは経験される所与としての物理空間である。「次元」は位置規定を表わしているが、「n-次元」という考え方には、重力や光、電気、磁気を統一的に把握しようとする意図が籠められている。つまり、リーマンは同質の質料的媒質が空間を充満するものとして捉えており、その媒質の物理的な運動形式を数学的な表現形式によって理解したのである。経験に適用されるリーマンの空間は多様な仮説的な概念である。この「拡がり」は抽象的なものではないが、そこには自然現象を内的知覚の事実から類比的に窺おうとする言わば「自然哲学」が考えられる。仮説的に用いられる公理への反省と計量規定される様々な物理的な空間への検討は、「空間構造が物質作用によって規定される」というリーマン独自の洞察を通じて、公理論や「相対性理論」を図らずも準備するものとなる。この空間は重力、電気、磁気、熱平衡を一つの完結した数学的理論のもとに統括するため、「現象を救う場」である。その空間はn個の実数のパラメーターが導入される「多様体」であり、計量規定を有している。「計量」は空間において作用する「結合力」を通じて捉えられる。空間は作用力によって多様に形成され、これは電気、磁気、重力を含む「場の量」になる。それは三次元の物理的所与の空間として理解され、他方、数学的には二つの無限に近い点によって把握される位相空間上の「近傍」を備えている。これが平面に限られたユークリッド幾何学の曲面上への一般化を通じて捉えられた知覚対象の位置や色彩等の拡がる「多重延長多様体」である。リーマンは自然認識のために数学的思考を適用したが、そこから えられた新しい自然認識から、新しい数学的概念の形成も試みている。それゆえ、「n-重の拡がり」は、「自然哲学」における「数学的新原理」と言われる。[19] リーマンはすでに一八五三年には、内的知覚の事実から類比的に現象界に関する仮説を立てていた。それは「全ての可秤量的原子において、絶えず物質が物質界から精神界に入り込む」という一般的仮説である。このような可秤量物質の内的状態こそ、ニュートンの自然主義的な実験哲学では、その運動法則の根拠に想定されていたものである。仮説は経験を通じて確かめられる。リーマンにとって空間は無限量ではなく、三次元空間を唯一の直観形式と見なして幾何学的命題を絶対的真理とすることにも彼は異議を唱えている。リーマンは実在に即応した仮説をその都度、経験によって確証できるとしていたのである。

リーマンの活躍と同時期、一八六八年には「n-次元多様体」の構想を抱いていたヘルムホルツ(一八二一—九四)は医学者、物理学者、生理学者であったが、彼は「剛体」の自由な運動可能性を通じて空間を数理物理的に規定している。ヘルムホルツでは測定は系列上の点の一致である。彼は経験に由来する空間の構造を明確にするため直観を用いない分析的幾何学を考案したが、それはリーマンの「多様体上の幾何学」と同じように理解されうる「計量構造」を備えている。「幾何学命題は事実に関する真理を表現する」ことを宣言した「リーマン・ヘルムホルツ理論」は、真理が事実として与えられることを表明するが、自然法則の妥当性を蓋然的に与える帰納法を述べているのではない。ヘルムホルツは同じ条件のもとでは同じ結果が起こるというように経験的な条件を考える場合でも、ライプニッツの「永遠の真理」を念頭に、あくまでも論理的な法則を把握しようとしている。客観的世界を捉える理論は相対的であるが、それを確かめる主観的な経験は絶対的なものと見なされる。この仮説では、知覚の差異は「計量構造」を通じて修正され、現象と絶対的な真理とは相関関係をもち、しかも「同型」と見なされることになる。[20]

若きフッサールは、ブレンターノのもとで、自然の統一を数学的に捉えようとするリーマンの「自然哲学」を受容している。ブレンターノもリーマンもライプニッツの「連続律」を支持したヘルバルト（一七七六—一八四一）の「自然哲学」を継承している。ヘルバルトは空間を充実する物質的自然を第一次的なものとして、その秩序形式を第二次的なものとしている。物質という自然の働きに応じて多様な空間構造が可能になり、幾何学の仮説性が露呈されることになる。カントは、内容の捉え方をア・プリオリな形式と見なしたが、ア・ポステリオリな内容としての多様の方は混沌であり続け、手放してしまった。ところが、リーマンは自然を統一的に捉え、対象の時空的な連関、量、強度の関係を把握可能なものと見なして、連続的な延長を介して認識することを着想した。リーマンの連続的な系列の「多様体」という「普遍的空間（性質の連続体）」は、ヘルバルトが空間表象を眼の運動系列から力動的に解釈したことに即応する。ヘルバルトにとって物質は性質の複合体であり、その空間概念も物理的なものとして経験によって確かめられる事実に由来する。

フッサールが現象学に「n－次元多様体」を導入したのも多様な変項形成を通じて、同一の規定を導くようなイデア的な統一形式に注目したからである。「多様体論」は科学における蓋然的な規則というより、自然存在と「同型」である論理的な本質法則を表現しており、フッサールでは「真理そのもの」として「還元後の経験」を通じて捉えられるのである。

第四節　多様体論と形式存在論

フッサールでは形式存在論は思考対象としての「或るもの」を根本概念としており、純粋論理学に「ほぼ等置されうる」と言われている。だが、実はフッサールにとって伝統的な形式存在論の考察は、それだけでは不十分なものに思われたのでもある。

内容を捨象した構造としての形式存在論は、主に主観の構成に即応した「形相」のもとに考察されている。これは、「能作」として思考の対象を包括するため、「世界の形式」にまで発展することになる。フッサールにとって世界の形式は、実在に即応する多様なその内容とともに捉え続ける必要があったと言える。そして、生成流動する内容の影響を受け、従って実質と切り離せない形式が、それまでの伝統的な形式存在論の枠組みの中には収まりきらず、より豊かな内容を伴う「多様体論」を要請することになるのである。

初期フッサールでは、「世界一般」という「理念」を提供する公理が追求されている。また、当初予告された『算術の哲学』第二巻は公刊が断念されたが、その一部が「記号論理学（Zur Logik der Zeichen）」として残された断片から推測すると、「先論理的」な基づけを行う記号を通じた数学的な概念（公理）と主観の操作的な相属を主題としている[21]。このフッサールの目論見は、記号操作の遂行と観念的な存在とが主観操作の反復可能性を通じて統一されることにある。主観の精神的な活動に依拠する限り、論理学と数学はともに有限な記号を通じた「無限の体系」として同一視されうるのである。

第三章第二節で述べるが、後にフッサールは「理性の現象学（Phänomenologie der Vernunft）」を標榜して、意識の構造を現象学的なノエシスの「機能」を介して捉えている（III314）。意識の「形相」である「確定的多様体」では、命題論的な意味を担うノエマとそれを連続的に定立するノエシスとが区別される。また、第四章第一節で述べるが、ノエシス-ノエマの相関構造には、相互に変化する内容を繋ぐ形式というダイナミックな捉え方が見出される。純粋論理学の立場では、「多様体論」は「静態論的」に眺められていたが、「理性の現象学」では、事象の連関が構成される意識における「動態論的」な「機能」が主題となる。意識に内在するノエシス-ノエマの相関構造は、「確定的多様体」という理性的な特質を有する秩序を通じてイデア的に扱われる。

伝統的な論理学は「世界の論理学」に包摂されるものとして「超越論的論理学」のもとに基礎を与えられることになる。実在の多様を手放さない「多様体論」を通じて考察される対象の様々な様態は、多様を統一する「思考」における形式というダイナミックなノエシス-ノエマにおいて豊かに規定されてくる。それは、新しい内容を生かしながら次の内容を繰り込む形式のダイナミックな秩序になる。フッサールの「多様体」は、内容に規定される形式というリーマンの把握から、一歩前進するものとなる。それは質料的内容をけっして捨てない具体的な実在の「形相」として理解されるからである(22)。

第五節　フッサールにおける多様体の位置づけ

本論文では、フッサールがハレ大学に在職した一八八七年から一九〇一年を初期現象学とし、ゲッチンゲン大学に在職した一九〇一年から一九一六年を中期現象学とし、フライブルク大学に在職して、退官後、死去まで一九一六年から一九三八年までを後期現象学として時期区分をする。

a．『論理学研究』における多様体の意味

『論理学研究』（一九〇〇／〇一）において、「多様体」は論理的空間と等置されている。「多様体」の形式は「純粋理論形式」と呼ばれるが、論理的空間も範疇形式として把握される（XVIII253）。「多様体」は単なる量を表わす「嵩」ではなく、「集合」という観念的な形式に従う意味思考の法則を表わす「統一」である。そこで『論理学研究』では「多様体」とそれを包括する「多様体論」は「論理の基づけ構造」によって捉えられる。

この構造は形式的な法則と内容的な法則との両面性を有している。例えば、「多様体論においてプラス記号＋は数の加法記号ではなく結合の記号であり、この結合に対しては［a＋b＝b＋a］という形式法則が妥当する。多様体は形式法則を通じてその思考対象の結合操作を可能にするように規定される（しかも別の操作はこの形式法則によってア・プリオリに許容可能なものとして証明されねばならない）」と言われる（XVIII251）。初期フッサールでは、無規定性の範囲をもち、範疇的に捉えられる「領域」における存在を「規整」する「理論の統一」が「多様体論」の本来的な意義である。だが、無規定性は全く内容を顧みないのではなく、内容の統一可能性と結びつく総合的なものである。記号の結合を介して成り立つ「多様体論」は、「静態論的」に捉えられる。さらに、フッサールは「基づけの体系」としての「多様体」を判断の充実化に適用することになる。

b．『内的時間意識の現象学』における多様体の意味

『内的時間意識の現象学』（一九〇五）において、「多様体」は「内的時間意識」に適用される。フッサールの独自の時間論では、知覚の経過は「連続」をなし、それが一つの作用として同一対象の知覚に対応する

ことになる。この秩序づけられた意識の「流れ」には、恒常的な志向性が、生き生きとした「多様な重なり」を通じて「一つの今（ein Jetzt）」を中心とする現在野を形成している。フッサールは「過去把持」をこの「意識の今」における特殊な志向性と考えている。そこには「基づけ」の二重構造が見出される。それぞれの今は内在的な「意識流」によって「基づけ」をうけているが、それは「過去把持」による結びつきをなす。この統一が「内的時間意識」になる。他方、「意識の今」は現出作用として現出対象を認識機能を通じて基づける。内在統一は様々な時間的射影多様体の流れの中で構成される。『論理学研究』では理論形式を軸にして「静態論的」に捉えられていた「多様体論」は、意識の時間論に適用され、「連続」をなす知覚の経過を表わすため、過去を伴う「位相連続体」と見なされる（Vgl. X27–28）。この内的時間意識は『論理学研究』では「同一化」と指摘された「意識の働き」によって自己構成を遂行する。

c. 『現象学の理念』における多様体の意味

『現象学の理念』（一九〇七）において「多様体」は認識批判的な関心に導かれ、「意識一般」に適用されてくる。中期フッサールは「現象学的還元」を介して、「超越論的主観性」の構成能作を「ノエシス理論」として露呈する方法を用い始める。明証的に見出される連関をなす「多様体」がイデア的な認識の条件と見なされ、「現象学的還元」を通じた「方法的態度」において「多様体論」は「認識論」のもとに位置づけられる。

先に示された純粋論理学の立場では、「多様体」は「静態論的」に把握されていたが、ここでは、事象の連関を構成する意識における「動態論的」な作用形式が考察される。意識への反省的な遡行において捉えられる認識の働きを通じて、対象の様々な様態は多様を統一する「思考」における形式というダイナミックな秩序のもとに解き明かされる。「多様体」は意識流を通じて現出する対象認識の統一形式を備え、認識連関に潜在する論理的な「形相」として把握される。「流れ」の中では「現出の統一」が秩序づけられ、統一を通じて、論理的所与として「普遍」、「事態」、「矛盾」が認識される（II74）。「ノエシス理論」は「多様体論」の具体的かつ主観的側面を表わしている。

d. 『イデーン』における多様体の意味

『イデーン』（一九一三）において、普遍的な形式を提供する構造として理解される「多様体」は、事物の知覚によって示されている射影という意識連関をなす。フッサールはこれまでは、主に意識作用の反省的な把握を行ってきたが、ここでは意識内容がその本質構造によって判明に捉えられてくる。初期現象学では「理論の統一」として考えられた「多様体論」は、「或るもの」に向かう意識のノエシス-ノエマの構造から捉えられ、「機能」としての「形相」を通じて「超越論的主観性」が主題として際立ってくる。ノエシス-ノエマの相関構造を介して「多様体」は、「志向性の現象学」の主題となってくる。

それは「現象学的還元」を通じて獲得される主客の相関構造のもとに解明される。そこで、「多様体」の統一理論である「多様体論」は、意識の相関を主題とする「超越論的観念論」の解明の図式として拡張される。つまり質料的な性質の総括が主語のもとに収斂することは、イデア的には意味本質に向かって判断が規定されることに相応するが、「超越論的」に統一される「多様体」は、そこに命題論的な形式を提供していると考えられる。

意味本質は知覚されてから、述定によって本来的に認識され、命題形式を介してイデア的に構成される。意味は知覚の質料的な多様を通じて形式的に統一される本質である。こうして、事物の本質を示す類型が「質料的な本質」として捉えられ、意味の宇宙は「領域的存在論」として解明される。

e．『形式論理学と超越論的論理学』（本文では『論理学』と略記する）における多様体の意味

『形式論理学と超越論的論理学』（一九二九）では、対象一般の「多様体」は、実在の「形相」と見なされる理論的な形式として再確認される。『論理学研究』以来、論理学は形式存在論として捉えられ、その「規整」について探究がなされたが、「超越論的論理学」では、純粋論理学の実践的な基盤として世界を構成する主観性に遡る包括的な解明が試みられている。それは『イデーン』で提起された「命題論的な多様体」における論理学の「超越論的な基礎づけ」の企図でもある。

フッサールは数学と論理学を包括する「普遍学」を世界に帰属する実在をめぐる「存在論」として独自の仕方で捉えている。論理学に普遍的な形式を与える「多様体論」は、真理や実在に相応しい「具体的形相」として完成される。判断作用が意味体系としてイデア的に成立することが、意味をめぐる調和的な体系として「多様体論」を要請する理由になる。論理学の基礎にあたる形式存在論には、形式的な操作を遂行する主観の「機能」が必要とされるが、それは判断基体である「或るもの」のもとに、意味体系が認識の主観的行為としての「多様な能作」を通じてイデア的に統一されるからである。

ノエマとしての「命題論的多様体」は、演繹体系を通じて総合的に構成されることになる。判断体系の基礎にある「或るもの」は「ノエマの多様」にとって「核」を提供する。他方、「ノエシスの多様」は同一の対象に向かう連続的な定立である。ノエシスを通じて形式存在として命題一般が構成され、命題論的な構成には「真理存在」を目標とする「超越論的主観性」の「実践的性格」が見出される。フッサールにおいて真理は、対象に関する命題が現実に妥当することである。このようにしてノエシス－ノエマの相関構造がさらに世界に関与する「具体的な多様体」として深められ理解されるのである。

f．『ヨーロッパ諸学の危機と超越論的現象学』（本文では『危機書』と略記する）における多様体の意味

『危機書』（一九三六）では、「数学的多様体」は生活世界（直観的な自然世界）という本来の現象学的な問題圏に一見隠されてしまうように見えるが、論理学を生き生きとした「意識生」に基づかせようとする企図からむしろ明確化されるであろう。この企ては自然科学や論理学に先だつ「生活世界のア・プリオリ」を備える「主観的な多様」のもとに要請される（Vgl. VI142–149）。生活世界は、ノエシスとノエマの両方を含む「方法と主題」が成り立つ土台である。数学や物理学や学問論に前提されるア・プリオリは、「生活世界のア・プリオリ」に基づく「実践的活動の所産」と見なされる。フッサールにとって、このア・プリオリは「その都度のア・プリオリ」として歴史的に生成する。

「多様体」も「生活世界の普遍的構造」に相当するものとされ、学問論の生活世界への遡行は、普遍的な構造を備える「妥当の基づけ」として強調される。「超越論的観念論」は、現実的世界における妥当の起源を普遍的に解明しようとするものである。数学的な明証性も生活世界の普遍的な明証性にその「権利源泉」をもつ。数学によって基盤を与えられる「理念としての世界」は高次のものであり、その生の地盤と見なされる生活世界において与えられる生き生きとした「根源的な経験そのもの」とすり替えられてはならない（Vgl. VI48–49）。「先論理的な働き」としての「多様体」は、意識に内在する普遍的な明証性を備えた「実在の多様体」にまで深められることが求められる。

以上、初期から晩年まで見てきたように、フッサールは初め、「多様体」を数学的な形式存在としてノエマの側から考察をしていたが、次第に意識のノエシスの側に向かい、ノエシス－ノエマの相関構造として捉えるようになった。内容と切り離せない形式としての「多様体」は、最後に「生活世界のア・プリオリ」を指示するものとなっている。「多様体」は意識様式を解明し、生活世界の構造をうまく捉える恰好の道具になったのである。

第六節　多様体論に関する従来の研究

「多様体論」を主題とする研究は、内外ともに極めて少ない。その原因は「多様体」が数学的な概念であることによる。フッサールによって「多様体」が「超越論的」な術語に転義されるという正鵠をえた解釈も現われていない。フッサールの学究人生を貫き、「多様体」が常に意識の「形相」としてイデア的に把握されているにも拘わらず、「多様体論」が現象学にとって「主軸」になることを看破することは容易なことではない。

ソコロウスキーはフッサールのテキストからそれほど逸脱しないで、「多様体」を意識に適用しているが、初期の数学的な意味での「多様体論」との繋がりは無視している。従って、ソコロウスキーは本来的な「多様体」の論理的な特質と「超越論的観念論」とのイデア的な相属の重要性には触れていない。ローマーの場合はその逆であり、彼は「多様体論」を数学的な概念史に位置づけているが、イデア的な考え方が極めて「超越論的」な意義に展開する動機を提供していることは見逃している。ローマーの「多様体論」の扱いは、ソコロウスキーよりも精確ではあるが、なぜフッサールが「多様体」を「意識宇宙」に適用しえたのかという素朴な疑問には答えようがない。ピッカーは『イデーン』に注目し、「集合論」と現象学との内的関係を指摘して、この疑問に対する答えをえているが、半世紀近いフッサール現象学の存在論的な展開史にとって「多様体論」が「普遍学」として果たすその哲学史的な重大性を汲み尽くしてはいない。

a　ソコロウスキーによる多様体の超越論的解釈

ソコロウスキーは『フッサール的省察』（一九七四）で、「多様体（the manifold）」について、超越論的な視点から生活世界を視野に入れながら、主に「言語分析論」によって考察を進めている。[23] 彼は「超越論的主観性」が、多様を統一する「超越論的」な働きそのものであることを強調している。本質が経験において多様な繰り返しの変項や想像という反省的な能力を通じ「洞察」されると言われている。

さらに、ソコロウスキーは「多様体」を「数学的多様体」としてではなく、「先論理的な実在」として扱い、意識流の「連続体」であるとしている。『危機書』の第三六節と第三八節に見られる生活世界という「主観的な多様体の経過」が、普遍的な意味付与の働きと同一視される。[24] つまり「多様体」は生活世界の普遍的構造として捉えられる。[25] また、「連続体」はスペチエスとしての「具体的類」を形成する「内的時間意識」における普遍的な意識の構造である。この指摘は現象学的反省論に及ぶ卓見である。[26]「連続体」は位相の連続であり、フッサールでは、反省的な能力によって「無限の無限」と呼ばれる。[27]「現象学的還元」を介して現出と事物との真の相関関係が明らかにされ、これが「多様体の結節」として摘出される。[28] このように、ソコロウスキーは「多様の統一」を初めて「超越論的」な意義のもとに示している。[29]

本来的には数学的な理論形式として捉えられるべき「多様体」をそれ以上の次元で「超越論的」な意義のもとに考察するのは極めて稀な解釈である。しかし、ソコロウスキーは「多様体」が世界と主観の相関をもたらすことは述べているが、演繹導出の理論と生活世界のア・プリオリとの深い繋がりには、それ以上踏み込んで解明してはいない。

b　ローマーによる多様体論の形式的解釈

ローマーは『数学の現象学』（一九八九）で、「多様体」をリーマンの「n-重に延長した多様体」に由来する変項形式の統一と見なしている[30]。そこで、形式の体系としての公理問題こそ、十九世紀の数学において「最重要な課題」であったことを報告している。

ローマーはフッサールが伝統的論理学における判断論を体系として総合するために「多様体論」を導入したことを指摘している[31]。それは、フッサールにおいて数学形式と同じく、「多様体」がイデア的に解釈される統一だからである。彼は、フッサールが「集合」としての「多様体」の形式を結合の中心として捉え、そこで判断、知覚、思考を操作として心的機能のもとに包括し得るということを確認している。また、ローマーは伝統的論理学に即応して、判断論における心的操作の「層」を三つの志向能作（形式、妥当、多様）に分類している[32]。それによって、意識の志向的な構成の現象学的な位置づけが試みられている。論理的形式が判断する意識に「多様体」を適用するイデア的な統一根拠になる。そして形式論理学が対象をそのイデア的妥当を通じて包括するとき、論理学は実在への結びつきを保持する「普遍学」に帰属することになる。

だが、ローマーは、「多様体」という導出体系において真偽を非直観的に「確定」することが、「超越論的主観性」の本質構造にどのようにして結びつくかについて、思考としての心的機能を通じた操作以外には語らず、十分に解明しているかどうか疑念が残る。

c. ピッカーによる多様体における形式主義の意義

ピッカーは『エドムント・フッサールの哲学にたいする数学の意義』（一九六一）でフッサールの『論理学研究』の「プラトン主義」を論理数学的に把握される形式概念から導いている。

スペチエスという対象本質の理念的な実在として捉えられる意味妥当にさいして、対象一般の可能性として形式存在論が重要な意義を備えていることが明らかにされる。妥当の基礎に考えられる形式は、対象を構成する条件になる[33]。形式論理学では、範疇が感性的概念を「無矛盾」によって包括して、論理学が意味妥当を通じて対象に適用されることになる。そこで、論理学を拡張した「普遍学」が範疇形式によって感性的内容の領域を包括するとき、統一可能性という意味法則によって妥当を保持するとされる。(34)

さらに、ピッカーは「超越論的反省」による「無限の系列」をカントールの「集合論」に則して理解している。(35)「集合」でその要素を数えあげることが、時間的継起において秩序を系列として与えることになるからである。意識における分肢の呈示が、全体としての「統握」には必要になる。フッサールによると、理論としての数学形式は意識における発生的関係を有している。(36)ここに「〜である」を通じた命題論的総合が「確定的多様体論」のもとに捉えられることになる。この数学的な「プラトン主義」が純粋論理学を構築する動機を提供している。(37)論理的な根本範疇は論理的な形式である「無矛盾性」によって「一義的に」えられるとき、「厳密性」によって定義され、「基本命題」から演繹的に導出される。(38)ピッカーはこのフッサールの「発生的論理学」が、ヒルベルトの形式主義にその端を発していると報告している。(39)

ピッカーは「志向の充実」にさいし、認識による規定の根拠を数学と論理学の統一に求めているのだが、多様なノエマの獲得にさいし、内在的な所与の統一に先立つ論理的な形式である「無矛盾性」を「厳密性」として捉え、数学と論理学の「内的な繋がり」が現象学的に確立されるとしている。(40)

第七節　普遍を表現する多様体の意義

本論考でフッサールの「確定的多様体論」を主題として扱い、形式存在論を参照して考察するメリットは、従来、見過ごされてきた「普遍と個物」の現象学的な位置づけを達成することである。即ち、意識の本質構造のもつ具体性と普遍性とが、イデア的な存在としての「多様体」を通じて明確にされるのである。第五節で見たように、フッサールでは「多様体」は学問を基礎づける公理系の形式であるが、それが意識に内在する本質構造に適用されてくる。その「多を手放さない」という構造を通じて、形式と内容との統一を形成する論理的な特質が、「志向性の現象学」のもとに考察されることになる。

ここには、生き生きとした意識において「普遍と個物」とをともに捉えようとするフッサール独自の視点が見出される。フッサールが実在を包括する「意識宇宙」に本質を洞察するのは、アリストテレスがプラトンのイデアを「個物」に内在させたことに対応する。また、フッサールが「多様体」を意識に導入しえたのは、彼の師にあたるブレンターノがリーマンの「多様体」を積極的に心的現象の記述に用いたからである。リーマンの「多様体」は物理的所与の充実によって多様に規定される空間である。さらに、「集合」としての「多様体」という呼称は、カントールが実数を無限の「点集合」として規定したようなプラトン的な「超越概念」に由来する。「無限」は長い間、人間にとって思考可能な概念としては許されなかったが、カントールの「人間中心主義」は、「無限」を主観の働きに帰着させることが意図されている。不滅のイデアは「死すべき人間」の自由にはならない「永遠の理想」であり、幾何学の範型としてのイデアは学問にとって「厳密な理想」と見なされる。しかし、感性的世界からは遥かに「超越」したイデア論は、十七世紀のデカルトによって、反省的に見出されたコギトを介して「主観的観念論」へと転回したのである。

コギトの能力を備えるフッサールの「多様体」は、いわゆるアリストテレスによる「多のうえにたつ一（ἓν ἐπὶ πολλῶν）」を表わしている[41]。これは「このこれ（τόδε τι）」としての「個物」でもあり、「個物」に内在して述定される「類」や「種」でもある（III33）。フッサールが現象に見出そうとしているのは、アリストテレスが第一実体（個物）と第二実体（類や種）と呼んだ「普遍」である。アリストテレスでは「個物」は「質料と形相」の「混合体」であり、本質としての「形相」は「個物」に内在するが、フッサールでは本質は意識に内在する。つまり、生き生きとした意識の中にイデアが「厳密な本質」として「洞察」されうると考えられている。第三節で見たように、フッサールが「多様体」を「意識宇宙」に適用するのは、彼が自然に連続を認めるリーマンの「自然哲学」に共鳴したからでもある。リーマンは内的現象を実在と類比的に扱うため、「現象を救う」一種の「自然哲学」を構想している。「n-次元多様体」は現象に見出される連続的な変移を統一的に捉えようとするために着想されている。この「拡がり」は重なり合う連関としての形式存在であると同時に、実在的所与としての心的現象でもある。フッサールにおいて「多様体」として提示される意識様式は、規定的な系列として連続的に変移する具体的な「形相」と「質料」との統一として理解される。

フッサールにとって、形式存在論も数学もイデア的な「厳密学」である。特に、形式存在論は内容を捨象した演繹を通じ体系として成立する。しかしこれは、学問のもつ規定領域によって、「領域存在論」を包摂する「基礎的な存在論」として捉え直され、究極的には「自然の存在論」に到達する。広い意味で、自然に見出される「秩序」として理解される「連続」とは、人間が人間を産み、馬が馬を産むという「斉一性」である。だが、それは同時に、人や馬がそれぞれ異なった本質をもち、相互に区別されうるという「分離のための連続」として解される。規定されるべき領域をそれに相応しい範疇のもとに包括する「連続」を通じて、個別的な本質が一義的に「確定」される。このようにして、形式と内容は相互に補完的に結びつく関係を有している。

本論文の考察は、次の順序で行われる。第一章では、「多様体論」は、意味の客観性を保証する「基づけ」の法則を通じ、「思考の形式」を表わす論理的な特質によって理解される。さらに、「イデア的な骨組」を備える「多様体論」は「学問論」として考察される。第二章では、「多様体」は現象学的な「意識宇宙」に適用され、知覚の現在における「現出様式」として把握される。この「意識様式」は、対象を同一化するイデア的な能力を通じて統一される。知覚は「意識流の統一」として捉えられ、そこに見出される「多様の統一」は「過去把持」という特殊な志向性によって明らかにされる。「意識流の統一」は「過去把持の統一」として「連続体」と呼ばれる。第三章では、「多様体」は意識に内在する絶対的な所与と見なされる。それは、「統一する形相」である「多様体」が、認識を批判的に吟味する根源的な理性に照会され、そのとき意識に内在する「普遍」として「絶対的所与性」によって認識を可能にすることが明らかになるからである。第四章では、「多様体」は「超越論的観念論」の視点から、先論理的な主観の「構成能作」に即して解明される。反省的に見出される意識の構造は、「構成能作」という「形相」の体系をなす「多様体」からその内容を捨象した場合には、形式存在論のもとに包括される。他方で、「ノエシス―ノエマの多様体」は「超越論的主観性」として考察される。事物の性質としての具体的に与えられる「形相」の体系が「領域的存在論」の中に組み込まれる。この「形相」の体系が現実の経験において「確定性」を備えた「現出様式」を提供する。このとき「多様体論」によってイデア的な論理存在と認識体験とのア・プリオリな相関が解明される。第五章では、「超越論的主観性」による論理学の基礎づけが、広義の形式存在の学である「普遍学」に結びつけられ、それによって、真理の明証的な体験と実在を包摂する「多様体論」との密接な関係が明らかにされる。「超越論的主観性」によって基礎づけられる「超越論的論理学」は、経験に見出される「整合性」によって内在的な明証性を獲得することが明らかになる。世界における対象一般が、「理性」によって基づけられるというフッサールの独自の「調和的な多様体論」が示される。第六章では、「生活世界」における「多様体」の先論理的な特質が、直観的な対象を包摂する「調和的理性」として深化される。「生活世界」に沈殿した「質料的なア・プリオリ」が「実在の多様体」になる。最後に、結論で本論文の「多様体」と「多様体論」の考察が「理性の現象学」にとって不可欠なものとして確認される。こうして、フッサールにおける「超越論的観念論」がアリストテレスに遡る「実体」に由来することも明らかになる。フッサールの「多様体」はカオスではなく、理性の働きを前提する「形相」である。

第一章　論理の基づけ構造

本章はフッサールの「志向性の現象学」における「確定的多様体論」を「形式存在論」に参照しながら考察する。「多様体論」は数学的な形式存在に関する統一理論を示すものであり、通常の現象学の解釈からは、なじみが薄いイデア的存在である。そこで、本章の目的は、純粋論理学の基礎づけを解明する「理論の理論」と呼ばれる「多様体論」に、「志向性の現象学」における相応しい位置づけを与えることである。形式存在論が狭い意味では純粋論理学と見なされ、広い意味では「普遍学」として捉えられるとき、その形式を満たす具体的な「形相」である「多様体」との発展的関係を明らかにしたい(1)。

第一節　多様体の一般的規定

「多様体」は対象一般を規定する様式を表わす「理論の統一」である。即ち、対象一般としての「或るもの」は、述語づけられる意味にとって、その「基体」を提供するが、述定や判断を通じて調和的に把握されうる「或るもの」の体系として「理論の統一」を形成する。『論理学研究』の「多様体論」には、命題論的な形式と判断作用の形式とが重なっている。これは、フッサールの理解する「経験の体系」が調和的な命題論的総合を可能にする「多様体論」であることを示している。それは調和的な規定性の形式を有しており、「無矛盾」の体系をなしている。この演繹形式に深く関わる「基づけ（Fundierung）」は、あらゆる場面において個別的に見出される。だが、学問を体系的な組織とする様な「統一形式」が、より重要な「基づけ」の役割として理解される。フッサールは認識の進歩を「基づけ」の上昇的な成就によって説明するのである（XVIII 40）。

「基づけ」は多様な内容を結びつける。そこには共通の統一形式が内在して、それによって学問体系が理論として統一することになる。「基づけ」を重ねることは認識が上昇することであり、その限りで個別的な「基づけ」は孤立してはいない。「基づけ」は基づけられるものの前提条件であり、後者によって含まれる包含関係と理解できるが、最初に見出されるのは基づけられている側である。フッサールによると「基づけ」は一般的法則と見なされる。「基づけ」は日常生活においても見られるが、同時に学問論的な意義も備えている。「基づけ」は推論を成立させる論理的に理解される法則形式と考えられるが、それは特定の認識領域において妥当する「規整」の働きになる(2)。

「基づけ」には理論を全体として統一することと、特定の学問領域の内的な分岐を規定する役割が考えられる。これは「基づけ」が人間精神の構造と論理学とにおいて平行して捉えられていることによる。第二節（c.）で後述するが、フッサールは論理学の法則が「基づけ」を通じて正当化されるとしている。本来的には「集合論」として理解される「多様体論」は、思考対象を包括する法則を第一に表示する。この法則は形式存在論によって捉えられるが、これは「心理主義的」な経験法則ではなく、意識から独立した「命題自体」や「無矛盾」にそくした論理法則となる。論理法則は心理作用から独立しているが、フッサール現象学では、「超越論的」に解明される「意識の構成」によって成立する。『論理学研究』ではこの論理的法則が、しばしば「思考の法則」と呼ばれている。

次に、「多様体論」は「表象」を基盤にする「志向の充実」における論理的な「思考の法則」を表示すると理解される。「或るもの」への志向は、その基礎に考えられる「表象」によって「基づけ」を法則的に形成する。また、フッサールが取り上げる「確定的多様体論」のねらいは、「意識様式（Bewußtseinsweise）」という「現出の多様体」が、認識にとって予め可能な「枠組」を提供して、実在規定を「一義的に（eindeutig）」成就させるということである。知覚の対象が意識を通じて捉えられることは、「表象」を基盤にする「客観化作用」であるが、これは「現出（Erscheinung）」と呼ばれる。[3] この「現出」といわれる認識の機能は、その作用を通じて規定される対象を「現出者」として提供することである。フッサールにおける「志向の充実」には、「現出者」の「現出」として首尾一貫した脈絡が「経験の様式」として潜在している。これは例えば、家具に隠された絨毯の模様が同じように続いていることをあたかも「感じている」という、見えてない側面の未規定性を次第に補完するそのような志向が存することである（XIX 573）。

第二節　基づけと多様体

「基づけ（Fundierung）」は、多様な作用において内容を指定する形式的な法則である。「多様体」はこの形式的な法則を介して統一する。論理学において命題は、それ自体で「真理」としてなりたつため、主観から独立した客観的な存在であり、これはまず形式的な体系を通じて捉えられる。さらに、フッサールは、日常の様々な場面の「意識の捉え方」に「基づけ」を適用するような「現象学的な方法」を導きだしている。

a. 形式的法則

先に触れたように、「志向の充実」には「基づけ」という形式的な構造が備わっている。即ち、「基づけ」は幾重にも連関して、内容に関する特定の「領域」を規定する法則として理解される。法則としての「基づけ」は、眼前に与えられる事柄から遡って、土台に潜むものとして見出されなければならない。例えば、色をそれだけで思い浮かべようとしても、物がそれだけで「表象」されうるのとは異なり、色はなんらかの「基体」を必要としており、有色の物に基づけられて、それを客観化しなければならない。まず、「基づけ」は次のようなイデア的な法則として定義される。「ある α そのものが、本質法則的には、それをある μ と連繫する或る包括的統一体の中でのみ実在しうる場合、われわれは、ある α そのものはある μ による基づけを必要とすると言い、あるいは、ある α そのものはある μ によって補完される必要があるとも言う。それゆえ、α_0、μ_0 が前述の相互関係にある純粋類 α ないし μ の個別事例（Einzelfall）、即ち、一つの全体の中で現実化された一定の個別事例である場合、われわれは α_0 を μ_0 によって基づけられていると称するのでありしかも α_0 の補完の必要性が μ_0 だけによって満たされるとき、もっぱら μ_0 によって基づけられていると称する」（XIX 267）。ここで求められる「補完の必要性」はイデア的な法則であり、意味本質が予めしたがう統一法則にあたる。これは、内容の「特殊性」を全く顧慮しなくても妥当するため、分析的な法則になる。例えば、「色（α_0）は色を持つもの（μ_0）がなくては存在できない」という形式的な法則が示される（XIX 257）。

b. 内容の規定法則

「多様体」は「基づけ」を介して秩序づけられた統一体をなす。また、「基づけ」は知覚における志向の働きとして「充実化」を規定する。「志向の充実」は対象を実際に「表象」するという直観としての働きである。例えば、おおざっぱなスケッチから対象を活写する絵画への移行における「直観化」がこの「充実化」

をもたらす（XIX 607）。

「充実化」には次第に豊かに規定される内容が必要であり、形式だけでは内容に関する補完は完成しない。対象の認識において最初は「充実化」されず未規定に留まる志向には、意味本質にそくした具体的な規定の順序が要求されており、その補完が「基づけ」を通じて形成される。それは一面的な呈示に限られるという知覚に見出される秩序であり、対象の要素である契機の結合や訂正によって全面的な呈示に至る秩序である（XIX 600–601）。対象の「現出」における内容の側の質料的な契機の豊富化には予め順序や段階が示され、「充実化」には志向を通じて「動態的」な方向が示唆される（XIX 602）。

「われわれはある種の内容に関しては、それらと一緒に与えられている（しかしそれらの中に包含されてはいない）諸内容の内の少なくとも一つを変化ないし廃棄すれば、それに伴って前者の内容そのものも変化ないし廃棄せざるをえない、という明証性を有している」（XIX 233）。このような部分的内容の「変換」を通じても同一に留まる「明証的」な意識には「全面的な充実化」の法則が想定される（XIX 239）。これは全体に帰属する部分的な内容のあり方が法則によって規定されることである。「法則」として理解される「基づけ」は内容を「種（スペチエス）」の枠におさめ、それを「繫ぐ」ことになる。それは次のように定義される。「あるαがその本質上（αのスペチエス的な特種性に基づいて）法則的に、あるβも存立しなくては存立することができないとき、α種の内容はβ種の内容に基づけられていると定義できるであろう」（XIX 281–282）。これは例えば、メロディーの統一（α）における音（β）や色彩形態の統一（α'）における断片的な色彩（β'）や複合的な図の統一（α''）における部分的な図（β''）である（XIX 284）。

「基づけ」は最初は形式同志の「繫がり（Verknüpfung）」であるが、これは次に内容による形式的な「繫がり」に及び、「階層」としての論理構造を備える。ここには、個別的な内容を取り込む形式的な法則が考えられるが、それは「個別」が当該の「種」を例示するさいにしたがう法則である（XVIII 109）。「種」は

「普遍」として捉えられる限り、その任意の事例が「基づけ」によって見出される。「普遍」の事例を直観するという「洞察」については、本節（c.）で明らかにする。

「基づけ」を基礎とする統一秩序には「順位」が生じる。例えば、「星座表」において、点が線分を基づけ、線分が星を基づけ、最後に個々の星は星座を最高の統一として基づけるといわれる（XIX 293）。「基づけ」が論理構造を形成することは、意識の志向のもつ根源的な機能による。このようにして、段階的に充実される「間接的表象」は、本章第五節でとり上げる「範疇的直観」では、高次の対象を「充実化」する「代表象」と呼ばれる「意識様式」によって捉えられることになる。

c. 事例の直観

「基づけ」は形式と内容をも「繋ぐ」客観法則であったが、この形式は意識の作用と「普遍」とにも関わることになる。「普遍」と「個別」との伝統的な問題にも「基づけ」は意識の側での「洞察」によって結びつくことになる。(4) それは、「普遍」と「個別」との関係では事例が「基づけ」の働きを備えているからである。ここで、「普遍」があたかも事例によって基づけられることになる。即ち、先の本節（a.）（b.）のフッサールからの引用のαがα_0、α_1、……、α_nによって基づけられることになる。これは、もしかすると「唯名論」と誤解されるかもしれない。しかしそうではない。なぜならば、αの直観とα_0、α_1、……、α_nの直観とは「相関的」に結びついているからである。αを離れてα_0、α_1、……、α_nは、その「事例」として存在しえないからである。

例えば、赤い花を見て、次に赤い筆箱を見るとき、両者を「同じ」赤色をもつと判断するのは、多様な個別事例を統一する「普遍」を見出すことである。また、赤い花と黄色い花を見て、両者を「花の事例」と見なすこともできる。「事例」という考え方は予め、「赤」や「花」が個別的直観を規定していなければなりたつことはないのである。これは、「個別」の後に「普遍」が抽象されるという「唯名論」の観点を拒否するものである。フッサールでは「普遍」が「個別」によって基づけられるのは、先に触れた「意識様式」という考え方によってである。この「意識様式」は、個別的な特徴よりは多様な個別事例において共通な「同一性」を志向している。

「形相」としての「普遍」には、「多様を手放さない」統一が必要である。本章第一節で触れたように、フッサールは論理的法則にしたがう認識を「思考の法則」と呼んでおり、この形式的に統一される構造が、無矛盾の体系、即ち、「多様体」をなすのである。また、形式的な「帰結」でもある「洞察」によって「本質」が直観されるのは、「多様な変項」の範囲が統一規定として指定されるからである。これは第五章で「超越論的論理学」における根源的な論理性として解明される。「多（事例）」の直観は、それらが「一」を基づけているということの直観であり、他方で「一（普遍）」の直観（洞察）は、それが「多」によって基づけられていることの直観になる。フッサールは同じ「事態」を表現している「基づけの関係」を通じて、直観を「個別」と「普遍」と両方の場合に用いることができるのである。両者が「多様体（一即多）」という意識の秩序によって捉えられるという考え方が、フッサールの独自性なのである。

またフッサールでは、本来的な意味は判断における「沈殿（Niederschlag）」や「変様（Modifikation）」として理解されている。「名辞」や「表象」として沈殿する意味構造は、対応する「事態」についての明証的な判断に遡って、その「妥当」が「判断における一致」として基づけられる（XIX 487）。ここに前提されている無矛盾は、事実的な思考における「自然法則」を指すものではない。第一節の冒頭で触れたが、フッサールは「矛盾する命題がともに真であることはない」という論理法則を「洞察」することが「矛盾する判断を同時には信じることができないこと（nicht-zugleich-glauben-können）」には、決して還元されないとしている（XVIII 113）。フッサールでは「理論領域」と「経験領域」とが厳密に区別されているからである。論理学の必然性を持つようなイデア的な「妥当」は、はっきりと「洞察的に認識される」と述べられている。これは客観的な法則を主観の側に転じた「思考の法則」になる（XIX 242）。

多様を統一する「普遍」を目指しながら、具体的な「個物」の多様を捉えることが「事例の直観」と呼ばれる。「普遍」の「洞察」は、「多様体」を介した具体的な直観によって「基づけ」られる。「一」が「多」を統一し、「多」が「一」を統一することになる。これは「個別」と「普遍」とを「同時」に見ているのであって、全体として一つの「事態」として直観される。このような「事例の直観（主観）」と「普遍の洞察（客観）」の「縦の関係」によって、フッサールは明証的な判断に基づけられる「普遍」の「確定」を試みているのである。

d. 理性の真理

「基づけ」の法則は形式的な「繋がり」だけに留まらず、「志向の充実」によって内容を形式的に取り込み「普遍」の個別化へと展開する。この「普遍」の実現には、先に触れたように、必然的な論理法則が「思考の法則」として必要になる。「したがって、思考するという含蓄ある語と関連して、できるという小詞が現われる場合には、別の仕方では思い浮かべることができない（sich-nicht-anders-vorstellen-können）という主観的必然性、即ち、主観的不能性が意味されているのではなく、別の仕方では存在することができない（nicht-anders-sein-können）という客観的イデア的必然性が意味されている。この必然性はその本質にそくして、アポディクティッシュな明証性の意識において与えられる。この意識の証言を信頼するならば、われわれはそのような客観的必然性の本質にはそれぞれ一定の純粋な法則性が相関的に（korrelativ）帰属するということを確認しなければならない。まず第一に、客観的必然性一般が客観的法則性に基づく存在と等価である、ということは明らかに全く普遍的に妥当する」（XIX 242–243）。フッサールはライプニッツによる「理性の真理（la vérités de raison）」を法則と同一視しており、それが疑うことのできない「アポディクティッシュな明証性」において「与えられる（基づけられる）」と述べている（XVIII 142）。このライプニッツの提唱した「理性の真理」は、不可疑的な意識として経験される「合理性」に該当する（XVIII 141）。ここには、事実が合理的に根拠づけられるという形而上学的に理解される「自然の連続」が前提されている。これは、次節で「自然の存在論」のもとに再び考察する。そこで、αとμの形式的な結びつきをもたらす「基づけ」には、客観的な「真理自体」とのイデア的な「繋がり」と同時に、主観的な「洞察」を可能にする「相関的な法則」としての現象学的な意義が発見されるのである。ここでは客観的なイデア法則が直観としての「洞察」を可能にする。

フッサールが「多様体論」において「基づけ」によって言い表わそうとしているのは、「多様体」が作用を統一するさいに、それがイデア的な法則を通じて形成されるということである（XVIII 167）。それは、主観的な体験様式である「事例の直観」を通じて、法則の認識が知覚によって基づけられるからである。「基づけ」は意識を包むものであるが、それは客観化の基礎にある「表象」の働きにまで遡る論理構造を備えている。フッサールは『論理学研究』第二巻の諸研究で、論理学を主観化しようとする「心理主義」に再び逆戻りしたと批判された。これは、「基づけ」が主観と客観との「縦の関係」にまで及ぶことが判明したのであるが、同所ではこの「相関」がそれ以上掘り下げられず、そのため誤解を招いたのではないだろうか。この主観と客観の関係を規定する「基づけ」は、後に『イデーン』で「超越論的」な世界構成の問題として扱われるものであり、『論理学研究』では未解決の問いとして持ち越される。『イデーン』で提起される「現象学的還元」を通じて露呈する「ノエシス-ノエマの相関構造」による「超越論的観念論」については第四章で解明する。さらに、「基づけ」は『危機書』では「生活世界」による「科学的世界」の「基づけ」としてより深められてゆくことになる。自然科学の客観主義を批判したフッサールの「生活世界」については第六章で明らかにする。

第三節　基づけの統一

「基づけ」は諸内容を緊密に統一することによって「新しい内容」を統一する。「基づけ」はαとμの形式的な結びつきというイデア的な法則を表わしていたが、ここではα種の内容とβ種の内容による総合にまで展開するのである。この秩序づける「基づけ」には、「階層構造（複層性）」が備わっている。「基づけの統一」は多重の構造からなる統一形式をもたらすのである。

フッサールは「命題自体」の真理性を損なうことなく、「超越論的」な作用としての意識による構成の観点から命題の形式的な構成を捉えた。これは「事例の直観」をなす感性的内容から範疇的内容へと統一の次元が移行することを示している（XIX 286）。これは第二節で述べたαとμの「基づけ」として捉えられる妥当法則を意味している。「基づけ」によって統一されるのは、最初は直観の内容に関するものであるが、これはさらに次の段階で感性的な直観を越えた範疇的な関係として統一される。多数の内容という「多様」は、次の段階で新しい主題に包含されて、「一つの内容系列」についての「本質変項」としてあらためて考察されることになる。(5)

基づけられる内容の「種」が基づける側の「確定的」な「種」に依存することが、この法則（質料的ア・プリオリ）を表わすと考えられる。「質料的なア・プリオリ」の法則については第四章第三節と第四節で詳述する。この「基づけ」は自然における「事例」において見出され、そこでは普遍的に理解される「自然の存在論（Ontologie der Natur）」が前提される（XIX 297）。前節では「理性の真理」と呼ばれた「自然の連続」

が、この法則の認識を可能にすると理解される。これは主観的な体験様式でありながら偶然に依存しない意味本質の法則を表わす「基づけ」である。「総括形式は純粋に範疇的なものであるが、それとは反対に、全体という形式、基づけの統一（Fundierungseinheit）という形式は、われわれには質料的なもののように思われた。しかし、前節においては、統一（正しく基づけによる統一が問題であった）は範疇的述語である、と言われたのではなかったのか。ここでそれでも次のことが注意されるべきである。即ち、われわれの教説の意味では、統一ないしは全体という理念は基づけという理念を基礎としており、この理念は再び純粋法則という理念を基礎としているということ、さらに法則一般の形式は範疇的なものである（法則は何ら実質的なものではなく、したがって何ら知覚されうるものではない）ということ、またしたがってその限りで基づけの全体という概念は、範疇的な概念である。しかし、そのような全体に帰属する法則の内容は基づける側の、さらには基づけられる内容の種の質料的な特殊性によって規定され、全体にその統一を与えるような内容的に規定された法則なのである。それ故われわれは正しく、そのような統一の理念の、イデア的に可能なあらゆる特殊形態を、質料的統一と呼び、実在的統一と呼ぶ。われわれが以前に詳論したところによれば、様々な種の全体にとって構成的な法則は、たんなる範疇形式に属する分析的-ア・プリオリな法則、例えば、全体一般という形式理念やこの理念のあらゆるたんなる形式的な特殊形態などに属するような法則とは反対に、総合的-ア・プリオリな法則である」（XIX 290-291）。このようにして、「自然の存在論」は「自然の秩序」をあたかも具体者を統一的に包括する「形相」、即ち、「多様体」とするのであり、そこに「質料的ア・プリオリ」が提供される。この自然と意識との結びつきは『イデーン』では「ノエシス-ノエマの相関構造」として「超越論的観念論」によって包括されるが、それについては第四章第三節で詳述する。「自然の存在論」において多様な「類と種」が包含関係によって結びついているが、その特徴は形態によって区別されうる個別的な具体者の連続的な充填になる。これはフッサールの「観念論」においては、形態的な特質を含む領域的な存在の統一として捉えられることになる。フッサールではイデア的な存在である「種」の「事例」が「基づけ」という本質法則（質料的なア・プリオリ）にしたがいア・プリオリに捉えられながら、しかも「自然の連続」として統一されている。また、この「ア・プリオリ」は実在の体系を表わす「多様体」の深まりとして「普遍学」によって考察されるが、それについては第五章で明らかにする。第五章第五節では「命題論的な多様体」が「実在の総体」として理解されることが明示される。

第四節　基づけと範疇的直観

第三節では「基づけ」の体系が統一されており、それが「多様体」と見なされたが、次に形式相互の「基づけ」が内容による「基づけ」へと発展するとき、イデア的法則は「志向の充実」という現象学的な意識の把握に応用される。花の香りを嗅いだり、ベルの音を聞くことは、感覚を「生化」する「意識様式」、即ち、「統握（Auffassung）」の働きによる「充実化」と考えられる。(6)「志向の充実」は感覚に「基づけ」られる対象の「現出」といわれる。ここで多数の内容によって一緒に基づけられる内容という「統一契機（das Einheitsmoment）」が登場する（XIX 287）。フッサールは体験される多様な局面を有意味な論理構造として統一するために「多様体論」を要請している（XIX 401）。

フッサールでは、「範疇的直観（kategoriale Anschauung）」は、カントが否定した知的直観ではなく、認識においてごくあたりまえに起こっている事柄である。例えば、「この机は丸くない」という「表象」に基づけられた判断を行うとき、知覚は形式化されて認識となる。これが論理形式を備えている「範疇的直観」である。「机」という「表象」を客観化するさい、直観の内容を形式化せずに、そのまま把握することも可能である。しかし、「この机は丸い」と把握することは、既に「机」という表象を「丸い」という「表象」に「である」によって結びつける「働き」が含まれており、これが「範疇的形式」と考えられるのである。「充実化」は基づけているものの方へ向かっており、形式的な対象の「充実化」においては、その基礎にある内容が、新たに範疇的に形式化される。このとき、今まで述べられてきた「基づけ」の内容から形式にわたる現象学的な考察は、「範疇的直観」という「知性」による「直観の形式化」を導入することになる。その限りで、「範疇的直観」では判断を介して、認識の主題が捉えられる。この「基づけ」が直観内容から「思考の形式」にまで及ぶために、直観内容に潜在した「統一形式」があらためて主題とされる。「わたしが白い紙を見て、白い紙と言うとき、わたしはそれによってわたしが見ているものだけを的確に表現している。完全な判断の場合もまったく同様である。わたしがこの紙が白いのを見て（Ich sehe, daß dieses Papier weiß ist）、それをそのまま表現して、この紙は白い（Dies Papier ist weiß）と言表する。このような言い方は、ある意味では正しいが、しかし誤解され易い言い方によって騙されてはならない。それによって、ここでは意味は知覚の内に潜在しているということまでも基づけようとされるかもしれないが、われわれが確認してきたようにそのようなことは的中していない。白いという語は確かに白い紙そのものに付帯するあるものを思念しており、それで充実された状態において、この思念（das Meinen）は、その対象の白の契機にかかわる部分知覚と合致する。だが、この部分知覚とのたんなる合致が認められるだけでは、まだ不十分である。こういう場合よく、現出する白が白として認識され命名されるのだと言われる。それにもかかわらず通常の認識作用という語が表示しているのは認識されるものではなく、主題対象である。この認識作用の中にはあの前者の作用（すなわち白の認識）をもおそらく含みながら、いずれにせよそれとは異なる作用があきらかに潜在している。われわれが白い紙と言って知覚を表現するとき、その紙は白（weiß）として認識されるというより、寧ろ白いもの（ein Weißes）として認識される。白いものという語の志向は、現出している対象の色の契機とただ部分的に合致しており、この語の意味の中には、それ以上のものが（ein Überschuß）、即ち、現出自身（Erscheinung selbst）の内部では確認されえない一つの形式が残留している。即ち、白いものとは白である紙のことである（ein Weißes, d.h. weiß seiendes Papier）。この形式はもっと隠されたままに留まり、紙という名詞の場合にも繰り返されないのだろうか。概念のうちに統一される幾つかの徴表の意味（Merkmalsbedeutung）だけが知覚に終結する。したがって、このような場合にもその対象全体が紙として認識され、またたとえ唯一の形式ではないとしても、であるを含む補完形式も認識される。しかし、端的な知覚の充実化の能作（Erfüllungsleistung）は明らかにこのような諸形式には到達しない」（XIX 659–660）。このようにして、単純な直観においても「範疇（知性）」がその土台に入り込んでいる。直観された内容には感覚を越えた形式が範疇として含まれている。「範疇的直観」は「端的」に与えられる感覚内容を「事態」として「～である、ということ」という新しい「意識様式」において捉え直すことである。これは知覚を本来的な認識の主題という「枠組」に収めることになる。フッサールの見解では「この机は丸い」という感性的な把握にも範疇的な形式が潜在している。そして、「机」や「丸い」という感覚内容が順次、結びつくことによって「間接的表象」の段階的な「充実化」をへて、「この机は丸い」という「事態」が「現出」することになる。

つまり、認識において対象を「表象」するさいの内容的な要素を統一するのは、主題に専一的に向かう関心である。「現出」とは知覚された対象が「志向の充実」という「意識様式」を通じて「いまここに」、具体的に主題として際立つことである（XIX 763）。これは、次節で述べる秩序を与える「知性」の「働き」を介した形式化に相当する。「事態」としての範疇的な対象は、「判断の充実化（Urteilserfüllung）」によって与えられる（XIX 669–670）。「白い」という形容詞には「白である」という判断に遡る「範疇」が含まれている。実際に、「これは白い」と判断するとき、感覚的内容に基づけられた「この花は白色である」という「事態」

が、「範疇的直観」の対象として成立する。「である」は形容詞には含まれていたが、「〜であるということ」が感覚に「基づけ」られた「事態」を「新たな対象」として導くことになる。

「判断の充実化」は判断に即応した「事態」が与えられることであり、これは「明証的」な「現出作用」とされる。「範疇的直観」は、「感性的直観」に基づけられて「範疇的対象」を充実すると言われる。この「範疇的直観」において「その志向的相関者（sein intentionales Korrelat）」が対象と呼ばれる（XIX 671）。「範疇的形式をもつ意味が充実され、知覚によって確証されるというのは一体どういうことか、という質問にたいしては、事実上われわれとしては、それらはそれらの意味が範疇的な形式をもつ対象そのものに関係づけられているということに他ならない、としか答えようがない」（XIX 671）。このようにして、「範疇的直観」は論理的な法則にしたがう実践的な活動として遂行されている。この「志向の充実」には、現象学的な視点から見出される「基づけ」をなす「多様体論」が要請される。それは、完全な意味の総合には質料的な統一であることと形式的な無矛盾とがあい連関するからである。ここで、「基づけ」は形式どうしの「基づけ」から内容を規定する「基づけの体系」へと深められる。「多様体」は秩序づけられた「多」であると同時に秩序づける「一」なのでもある。また、段階的に充実される「範疇的直観」には、「間接的表象」という仕方で段階的な秩序を伴いながら与えられる「代表象」という「表象概念の拡大解釈」が必要となる。

第五節　代表象

フッサールでは、「代表象（Repräsentation）」は、志向の働きを通じて「類似物（例えば、日本の地図）」を「原物（日本の国土）」に結びつける「認識の働き（この地図は日本を表わしている）」によって理解される

（XIX 606）。「代表象」は「表象」としては、自らを示すと同時に、「自己超出的」に対象を指示する。体験された内容が「統握」されるとき、新しい客観が代表象される（XIX 524-525）。直観内容の呈示としての「代表象」の働きは、本章第二節（c.）であげた事例としての赤色が「普遍」としての「赤」を指し示すさい、個々の直観に基づけられる「意識様式」を表わしている。

a. フッサールの代表象論

フッサールは個別観念が当該の「普遍の代理」をするというバークリーの「記号的代表象論」を批判している。フッサールによるとそれは、「代理機能の束」では「普遍」に帰属する「任意の例」を余すところなく導き出す論理的な様式には到達しえないからである（XIX 183）。

フッサールは、「普遍」として理解される意味本質に則して、「普遍」を個々の直観に関係させる志向が包括的な「意識様式」として働いていると主張している（XIX 191）。言わば、「意識の把握」の仕方が「表象」を「普遍」に結びつける包括形式を与える。例えば、赤い色を見て「これは赤い」と判断するとき、個別的な特徴と「普遍」とは相互に帰属して、「統一体」をなしている。「範疇的直観」は「感性的直観」によって基づけられて秩序づけられ、「一連の基づけ階層全体（die ganze Stufenfolge der Fundierung）」を備えている（XIX 675）。ここに見出される形式的な理論としての「基づけ」の論理構造が「統握」という「意識様式」をなす「多様体」を貫いている。

フッサールにおいて「代表象」は客観化作用を基づける「表象」が拡大されたものである。第二節（b.）の末尾で示した「星座」のように、「代表象」は内容に基づけられた「間接的表象」であるが、それは段階的に秩序づけられ、「範疇的直観」の対象を提供する。このフッサールの立場は、「個別」から「普遍」を抽象する抽象理論ではなく、「普遍」が多様を統一する「一」として先在しており、その「一」が「事例」としての「個別」を成り立たせている。「普遍の洞察」は、具体的な直観によって基づけられ、「一」が「多」を統一し、「多」が「一」を統一する。そこで、「個別」と「普遍」とを「同時」に見るための根拠が論理法則としての「基づけ」なのである。

b．同一化の統一

感覚的な知覚は「端的」に対象を構成するが、それに基づけられる「範疇的直観」は本来的な認識を通じて「高次の範疇的対象」を構成する。基づけられた「新しい作用性格」が「新しい知覚」と呼ばれるのは、「多様体」という形式的に理解される「意識様式」が成り立つからである。「範疇的直観」は、本節（a.）で示したように、基づけられた「代表象」という形式的な質料統一を「統握」する働きによって獲得される。「代表象」は関係づける「統握」という「同一化」を通じて「普遍」を捉える「基盤」を提供している。この「同一性」はイデア的に理解される厳密な可能性である。「新しい対象性は古い対象性に基づいており、したがって基礎作用のうちに現出する対象性にたいして対象的関係を保有している。今ここで問題になっているのは、そのような基づけられた作用の中でのみそれ自身現出しうる客観性の領域である」（XIX 675）。「範疇的直観」は神秘的な知的直観ではなく、ごくあたりまえに机を見て「この机は丸くない」と判断するとき、「机の表象」に基づけられた高次の作用が論理的な形式を付与されて登場することである。この形式は一つの認識目標によって同一化される。これは知覚における部分的な経過を通じた連続的「融合」ではない。知覚と高次の作用の「合致」の基盤には、範疇的な「同一性」が必要になるからである。より詳しく見ると、ここで基づけられた作用の中でのみそれ自身が把握される意識は「同一化の統一」と呼ばれる（XIX 678）。つまり、部分的な諸知覚の段階的な作用結合が「新しい知覚」の「代表象（丸くない机）」を「この机は丸くない」という「事態」として基づけることになる。

感覚的な内容が範疇的な形式を基づけるさい、後者の「範疇的直観」は再び「直観」に含まれることをフッサールは指摘する。これまで述べてきた「普遍」の「洞察」も、感性的直観も「個別」に基づけられる「意識様式」に由来しているために、それらは直観という共通の捉え方のもとに解明されなければならない。さらに重要な論点は、フッサールによると、内容において既に範疇的な形式が直観を内容の統一としてなりたたせる「余剰」として潜在しているということである。フッサールの「代表象論」は、イギリス経験論における「記号」による代理機能によっては説明されない。

フッサールでは範疇的な「関係形式」は、生き生きとした作用の総合、即ち、「統握」に帰属するのである（XIX 681）。内容の「共存」を通じて基づけられる「代表象」を「統握」するという働きは、「知性の機能（intellektive Funktion）」を開示するものになり、対象を変形はしないが「何か」を加えて形式化する（XIX 685）。この形式化は前節で述べたように、「白い」という形容詞に含まれる「余剰」であり、「この机は丸くない」という「事態」を与える「同一化」に導くための論理的に理解される「枠組」をなす。

以上、見てきたように、直観が端的に対象を構成するさい、今度は直観に基づけられた「範疇的直観」を通じて本来的な認識の対象が「論理的所与（真理、事態、普遍）」となるという考え方には、意味法則を包括する「多様体論」が要請される。「多様体論」はこれまで見てきたように内容を取り込む形式的な秩序の体系だからである。そこで、「代表象」が「多様体」の体系をなす「基づけ」を通じ、論理的な法則のもとに考察される「意識様式」として理解される限り、それは心理主義的な個別性の限界を越える普遍的な客観化を可能にするものである。(7)

c. トゥーゲントハットのフッサール批判

トゥーゲントハットは『フッサールとハイデッガーの真理概念』（一九七〇第二版）で、『論理学研究』におけるフッサールの「代表象論」を批判している。[8] それは「代表象」を通じた直観内容の「類似性」を中心にして捉えられる「認識論」への批判に集約される。この批判は、トゥーゲントハットが「多様体」を「アスペクトの多様」としてだけ解釈していることに由来する。

トゥーゲントハットは、明晰化する直観の増強をもたらす「代表象」によっては、対象を同一化する本来的な充実はもたらされないと危惧している。[9] それは直観における内容の「明晰性」が、そのまま「明証的」な真理概念を基礎づけえないという存在論的な主張によるものである。トゥーゲントハットの理解する「多様体」は事態が多様に与えられるアスペクトに過ぎず、「多様体論」という形式体系を通じイデア的に同一化されるア・プリオリな法則論には視野が及んではいない。「代表象」という直観の増強系列（射影）に向けられた批判は、後の『イデーン』の統握論の心理主義批判にまで達している。[10] トゥーゲントハットは、「純粋意識」の領域を絶対的な直観において「意義対象」が与えられる根源と見なし、体験自身に付随する「未規定の規定性」を現在野の奥行きとしている。[11] さらに、トゥーゲントハットは、「充実化」を促す「未規定の規定性」が対象の直観より先に与えられる「可能性」であることをフッサールが『論理学研究』では見逃しているとしている。このようにして、トゥーゲントハットはフッサールにおいて契機の「類似性」に分節される直観の「明晰性」に限られた「認識論」を批判しているのである。[12]

たしかに、トゥーゲントハットが危惧するようにフッサールの「代表象論」には、「表象」を把握する心理的な解釈作用が入り込んでいるため、作用と内容とが分かち難く浸透して不分明な箇所もある。しかし、「多様体論」では「表象」の上辺をなぞるだけではなく、イデア的な能力を可能にする「普遍」という側面が見逃されてはならない。トゥーゲントハットがあえて言及していない「多様体論」は、直観の多様を統一するイデア的な意味での「真理存在」をもたらすものではないだろうか。

第六節　確定的多様体論とア・プリオリな存在論の関係

以上、見てきたように、第一節では、「多様体論」は「思考の法則」を表わす体系の統一として捉えられ、それはまた論理の「基づけ構造」を備えていた。第二節では、「基づけ」は形式どうしを「繋ぎ」、形式による内容の「繋がり」をもたらすイデア的な法則として理解された。そこでは「理性の真理」が「事例の直観」を通じて基づけられた。それは、事実を「普遍」の事例と見なすことが「基づけ」を通じて可能になるからである。第三節では、「基づけ」による質料的な統一が「自然の秩序」によって理解された。そのためには、「自然の存在論」が「質料的ア・プリオリ」を提供することが想定された。第四節では、「範疇的直観」が論理的な形式を付与され、「感性的直観」によって基づけられることが判明した。第五節では、「代表象」は「範疇的直観」において新しい知覚内容を捉えるため「同一化」の基盤を提供する「意識様式」として理解された。この「代表象」は「記号」というより、「志向の充実」にさいして形式的な意味本質（例えば、事態や普遍）を補うため、様々な質料的契機を包括する「統握」に相当した。

『論理学研究』では、フッサールはまだ「生」の全体性には気づいてはいず、「多様体」を論理的な法則を表わす「形相」として扱っている。さらに、フッサールにおいて「無矛盾」は普遍的な法則として認識する主観的な「働き」を指し示すことになる。「志向性の現象学」に位置づけられる「多様体論」は、認識活動において見出される「根源的な形式」を示し、それは「理念」を代表する数学的な理論よりも「深い」ものになる。多様な主観的様態を統一する働きは、認識する「能作（Leistung）」と呼ばれる。

さらに、対象一般を規定する「多様体」を通じて、述語づけられる意味について、その「基体」が提供される。判断を通じて調和的に把握される「或るもの」の体系が「理論の統一」を「多様体」として形成するが、これはまた、命題論的な形式と判断作用の形式の「繋がり」として「思考の法則」を導くものとなる。なぜならば両者は志向的体験において捉えられる「表象」や「代表象」によって「基づけ」という形式的法則を共有しているからである。

命題論的な総合として拡張された「多様体」については第四章と第五章で詳述する。フッサールでは「経験の体系」が、論理構造を備える「基づけ」によって調和的な総合を可能にする体系をなしていると考えられる。「代表象」や「範疇的直観」にもこの「充実化」の条件としての「基づけ」の段階的な法則形式が見出される。それは、フッサールにおいて認識する「能作」は、「真理」を目標とする限り、根源的な仕方で自らの活動を合理的に秩序づけるような「階層」を実現するからである。この直観の段階的な増強を導く法則は、意味が指示する対象と実在の世界とを繋ぐ「自然の存在論」へと展開するのである。

後年のフッサールはこの「調和的な体系」の構想を振り返り、次のように述懐している。「ア・プリオリの存在論は本質必然的に可能的世界に内属する諸々の枠組を体系的に究明するものであり、それなくしては世界そのものが存在論的に考察されることができないであろう。しかし、他面においては、可能的世界とその存在論的な意義が、現象学的な相関研究において、可能的世界の存立の必須条件である可能的な意味付与と存在の基礎づけという側面に関して究明される。完成された超越論的現象学は、このようにして広義の普遍的な存在論的概念が超越論的根源から汲み尽くされ、そして意味と権利の問題をあますところなく、あらゆる側面に関して明確にしておくような、完全かつ全面的な具体的な存在論を包摂することになる」（XIX 251）。

このようにして、「多様体論」によって示される可能な理論形式が、対象と意味の「合致」を保証する「形相」の体系を示すとき、「理論の統一」である学問は、その特定の内実を指定する総合法則にしたがうことが理解される。フッサールの現象学的な展開には、常に理念としての「多様体論」が中心にあり、それが「普遍」をよく表現しながらも、より具体的な「個別」を包括する側面が次第に明確になってくると言えるだろう。

フッサールはこの総合的な法則の「洞察」にさいして、経験的な事例を統一する「多様体」を要請している。対象の多様が「普遍」のもとに統一されるのは、認識する主観である意識の構造に帰属する「形相」を介してである。[13] また、第三章で後述するが「確定的多様体論」は認識の目標としての対象一般を規定する「能作」を明らかにする。「一義的な確定」を行う認識は、「無矛盾」を通じた形式によって統一される。基本的な概念から「無矛盾」を通じて導かれる「確定性」という考え方は、ライプニッツの「普遍学」が提起する形式的な方法に相当する。したがって、「経験の体系」は調和的な命題論的な総合を可能にする「多様体論」と見なされるのである。こうしたフッサールにおける「確定的多様体論」の深まりについては第四章第五節と第五章第五節で解明する。

第二章　多様体としての意識流

フッサールは連続的な「経過」として秩序づけられる対象の認識を説明するため、「多様体」を意識に適用している。本章では意識に適用される「多様体」としての「流れ」を考察する。第一章で明らかにしたように、意識は「基づけ」を通じて秩序づけられており、「位相系列」をなす「連続体（Kontinuum）」と呼ばれ、「今の位相」をその極限としている（X 28）。「今の位相」は「連続体」に含まれる限界的な時点であるが、後述するように、そこには「瞬間的に共在」する認識の様々な契機が「動態的」に「経過」として「入れ子」のように含まれている。フッサールによると対象の認識は「現在」から「過去」への「経過」を通じた客観化であり、「直線的な多様体」という秩序によって明らかにされる（X 115）。これが「基づけの統一」によって成立することは、『論理学研究』で指摘された[1]。

そこで、本章では意味の「同一化」をもたらす「基づけ」を手掛かりにして、『論理学研究』に比較的近い一九〇五年の『内的時間意識の現象学』をテキストとする。フッサールは同書で、先立つ『論理学研究』について次のように記している。「『論理学研究』で私が意図していた現象学の全体は、内的意識（das innere Bewußtsein）の種々の所与性という意味での諸体験の現象学であった。そしてともかくそれは一つの完結した領域である」（X 127）。フッサールにおいて「内的時間意識」は経験的時間をさすのではなく、内在的な「持続」を示している。フッサールは第一章第五節（b.）で述べた「同一化」を手掛かりにして知覚の基礎を内在的な所与を通じて分析しているが、本章でも「同一化」の働きである「現前化（Vergegenwärtigung）」を通じて「内的時間意識」の「自己構成」について詳細な解明を試みる。本章で主題とする「内的時間意識」は、後にフッサールによって「純粋意識」という「内在的明証性」を備えた「基づけ」の構造によってさらに深められるものである。

第一節　時間客観の基づけ

第一章第五節では、対象の認識における「意識様式」として「代表象」が「充実化」をもたらすことが明らかにされた（XIX 646）。そして、意味の契機を統一的に解釈する「統握」が「代表象」をもたらすためには「知覚の連続」が前提される。ここで扱われる「現象学的時間」は、認識の対象をもたらす知覚に見出される内在的な統一である。第一章で述べたように、認識の対象は「現出」という作用を通じた「現出者」であり、これが内在的な所与の多様を統一する「時間客観（Zeitobjekt）」とされる（X 23）。ここでフッサールは認識の対象とそれが内在的に統一される「内的時間意識」との関係を「イデア的な法則」を通じて解明しようとしている（X 71）。

この法則は第二節で述べる「非独立性」の法則である。それぞれの「意識の今」は「内的時間意識」においてこの「非独立性」の法則にしたがっている。「意識の今」はそれだけで切り離されて存立するのではなく、「過去把持（Retention）」と「未来予持（Protention）」という特殊な志向性に依存している（X 53）。即ち、それぞれの「今」は、「意識流」によって基づけられている。しかしまた、それぞれの「今」は過去に沈滞しながらも同一の対象を指し示してもいる（X 63）。この構造も「基づけ」である。つまり、この「基づけ」には二種類のものがある。まず、それぞれの「今」が「過去把持」によって相互に結びつけられ、「内的時間意識」という統一をなすものと、この「今」が「現出作用」として基づけることになる「現出者」としての認識の対象の成立とが考えられる。このとき、知覚を統一する意識の「能作」は、内容の「基づけ」の法則にしたがい、これが内在的な所与をもたらす。

「ドイツ観念論」の考え方では、対象の統一は「自己意識」の統一に基づけられていることが「超越論的な条件づけ（制約）」として表明されている。フッサールはさらに「自己意識」の統一が「内的時間意識」を通じ、「流れ」という形式に依存していることを発見したのである。フッサールによると「時間客観」としての対象を基づけるのは、最も顕在的な「位相」としての「今」である。しかし、この「今位相」それ自身は、次の瞬間には過去に沈下してしまい、それらは全てが「過去把持」の体系として連続する志向的な関係を備えている。つまり、特殊な志向性である「過去把持」と「未来予持」との志向的な連続によって「今」は「流れ」を通じて基づけられている（X 84）。

この「意識流」における「現象学的な出来事」は、「任意の一時点」に関連させられる内容の必然的な共同存立という「非独立性」を表わす。その優先的な時点が「今」であり、「基づけ」のいわば「源泉点（Quellpunkt）」になる（X 69）。第一章で述べた「多」による「一」の「基づけ」という見方では、「志向の充実」が実現される「今」が、まさに「基づけ」の「原泉点」となる。「内的時間意識」の統一において「今」はあくまでも非独立であり、それぞれの「今」は、単独で切り離されて存立可能なものではなく、「過去把持」を通じて構成される「意識流」によって基づけられている。

この「顕在的な今」に随伴する「過去把持」は、「既在（〜であった）」を「尚」捉えている「働き」である（X 24）。フッサールはここで「今」の「充実化」に一つの方向をもった「働き」を見てとっている。フッサールはこの関係を「志向の連続」によって解明しようとしている。さらに、この志向性にそくして知覚が連続的に充実されるとき、「内的時間意識」において「明証性」が見出されると言われる(2)。

フッサールにおいて「持続する音」が「時間客観」として「現出」するのは、次々に鳴り続ける「位相」の「多」によって基づけられる「一」としての「持続」を通じ、新たな「今時点」が一つのまとまりとしての知覚に秩序をもたらすからである。これは、常に新しい「意識の今」を要求する法則が「内的時間意識」を構成する「現出作用」を貫いていることである。さらに認識の対象としての「時間客観」は「現出」に基づけられた「現出者」となる。ここで、二重の「基づけ」を介して意識そのものの統一と対象の統一とは、はっきりと区別される（X 92）。

以上見てきたように、フッサールは瞬時に捉えられるものだけが、時間の流れの局面を総括して、一挙に固定できるという「静態論的な見方」には批判的である（X 19–20）。フッサールはその代わりに「多様体（基づけの統一）」を通じ、「系列的」に構成される「作用連続体（Aktkontinuum）」による「動態論的な見方」を提起している（X 23）。『内的時間意識の現象学』では、認識の対象が「現出」を通じて基づけられることが、さらに「意識流」にまで遡り、より深められて考察されている。ここでは『論理学研究』の見方がより深まり、意識の統一自身が「基づけ」によって成立していることが明らかにされている。

例えば、あるメロディーの一部は「断片」として聞かれるが、それは「統一系列」をなすものとして、それに相応しい「予期の方向」を示唆している（X 23）。この予期が可能になるのは、聴取によって順序づけられる「基づけの統一」による。この連続的に意識される「時間客観」には「基づけ」の形式が見出される。そこには、特定のメロディーを期待する「なんらかの志向」が喚起されるからである。この「基づけ」にはどうしても「内的時間意識」の「持続」が必要になってくる。「一定期間にわたって持続し、しかもその持続を（変化しない事物の場合がそうであるが）連続的相等的に充実するか、または（たとえば事物の過程、運動、変化などの場合のように）絶えず変動しつつ充実する超越的時間客観の統握はどのように理解されるべきであろうか。この種の客観は内在的所与と統握の多様体の中で（in einer Mannigfaltigkeit immanenter Daten und Auffassugen）構成されるのであり、しかもこれらの所与や統握自身もあい前後して経過する」（X 22）。このとき、内在的な所与は、「持続」として捉えられるが、その「各時点」は現実には多様に変化する「経過様態」を介しており、これが「動態論的」に把握される。一つの「時間客観」は、作用の系列を通じて基づけられることによって、はじめて認識の対象として成立する。このようにして、「持続」としての「時間客観」は、「意識」の「諸位相」という「多」によって基づけられる「一」となる（X 92–94）。「時間客観」という呼び方そのものが、フッサールが『論理学研究』の立場をより深化させていることを示している。『内的時間意識の現象学』でフッサールは対象の統一を基づける意識の統一が「流れ」によって基づけられることを初めて明らかにしているからである。

この統一は、「流れ」の「位相」が「過去把持」によって顕在的な「流れ」に接合されることによる（X 83）。「内的時間意識」では多様な「経過」が秩序づけられる。「多」としての「経過」が「一」としての「内的時間意識」を基づけるとき、「一」としての「流れ」が「多」としての「諸位相」を秩序づけることになる（X 76）。「今」の「沈下と登場」の連続を通じて基づけられる「意識流」は、諸分肢としての「位相」に秩序を与え、「多様を手放さない」という「生き生きとした知覚」を可能にする。

このようにして、フッサールにおいて時間は「今」を「根源的」に構成する「生」の「全体性」によって現象学的に理解されている（X 106–107）。フッサールによって「意識流」に適用される「多様体」は、『論理学研究』における論理的な形式というよりも、独特な機能概念（例えば、射影）としてより深められ、際立つことになる（X 92）。『内的時間意識の現象学』では「多様体」は「動態」を秩序づけ、統一する「法則」を表わすものと理解される。

第二節　法則としての非独立性

フッサールは、認識の対象とそれが内在的に統一される「内的時間意識」との関係を第一章第二節（a.）で述べた「本質法則（Wesensgesetz）」を通じて統合的に解明しようとしている。即ち、意識において「内容」の「基づけ」は、時間的な規定によって総括される。それも意識の内容は「意識流」という「内的時間意識」の様々な様態を規定する「形式的な法則」を通じて理解されることになる。ここで考えられる法則は「意識流」の不断の生成を規定するものであり、意識の流れが次の局面、即ち、「位相」を求めることである。それは個々の「位相」が他の「位相」によって「基づけ」をうける仕方である。また全体としての「位相」の連続が、多様な「位相」によって基づけられ、第一節で触れた「連続体」をなすことである。

フッサールにおいて「今」は、二つの意味をもっており、いわゆる「顕在的今」は多くの「今」によって基づけられていると考えられる。「われわれは、類的な本質α、βに基づく法則が存立していて、その法則にしたがえば純粋類αの内容は類βのある内容の中でのみ、あるいはそれと連繫してのみア・プリオリに存立することができるとき、ある内容αはある内容βに対して相対的に非独立的であると言える。…（中略）…その定義において問題になっている必然的な共同存立（Zusammenbestehen）は任意の一時点に関連させられる共存であるか、ある延長した時間の中での共同存立であるかである。後者の場合にβはある時間的全体であり、αとβの時間的規定性はβによって規定された内容の総括の中で（時間関係、時間区間として）一緒に役を演ずる。それ故、時間規定（Zeitbestimmung）t_0を自ら含むある内容κは時間的規定$t_1 = t_0 + \Delta$を具有する他の内容λの存在を要求しうるので、その点で非独立的でありうる。意識流という現象学的な出来事の領域においては最後に述べた非独立性の諸例の基本特徴は次のような本質法則によって明示される。その法則とは全ての顕在的な、充実された意識の今が必然的にまた連続的に最善の既在（ein eben Gewesenes）へ移行し、意識の現在が意識の将来に絶えず要求をし続け、このことと関連して、最前の既在、即ち、それ自身は顕在的な今の内的性格を持つような既在の過去把持的意識は最前に既在せるものとして意識された現象が最前存在していたことを要求するという本質法則である。勿論、われわれがこの論議の中で言う時間は現象学的な意識流そのものに属する内在的な時間形式である」（XIX 264–265）。フッサールでは「内的時間意識」は、時間が次の「位相」を要求するという「非独立性」にしたがい、「自らを構成してゆく」という生成構造によって捉えられる。この「法則」は充実された「今時点」に見出される「非独立的な内容」の連続的な移行である。この移行では「多」としての「経過」が「一」としての「持続」のもとに従属している。多様な「経過」としての移行は、統一する「持続」を「基づける」とされる。「全体」に依存するという部分の「非独立性」が、「形式的な法則」を表わしている。つまり「生き生きとした知覚」に見出される「顕在的今」が「過去把持」を通じて非独立的に多様に分岐することが時間形式としての「法則」なのである。

フッサールにおいて過去は、「一つの今にもどってゆく」という関係を保っているが、それは過去を繰返し「再生」することによってより明らかになる。また、「過去把持」によって「経過」したものへの「再生」が可能になると考えられる（X 37）。この「知覚の再生」については、第五節で「現前化」として後述する。

フッサールにおいて「法則」としての「非独立性」は、「法則」と関わらない「独立性」よりも積極的な意義をもつ。ここでは「独立性」は、包括的な時間規定を求めなくても具体的に存立可能なありかたとして考えられる。だが、「生き生きとした知覚」には、実際には、刻々と変化する「位相」の「積み重ね」と、連続的に「最前の既在」へと移行する「形式」が不可欠である。つまり、フッサールにおいて知覚される内容にとって「独立性」は見かけのものであり、「知覚のまとまり」といえども、それは結局は「知覚の統一」を形成するための上述の「要求法則」にしたがうべく「非独立性」に還元されるからである。それは、認識の対象が連続的な「呈示様式」としての「現出作用」によって基づけられる「非独立的なもの（ein Unselbständiges)」であることを示している（X 130)。これをフッサールは「内的時間意識」の生成構造を通じて解明しようとしているのである。この構造としての「意識流」における法則は、後に「超越論的-現象学的観念論」を提起するさいの「主客の相関関係」を明かすことになる。これについては、第四章で詳述する。

第三節　過去把持の連続体

第二節で見たように、知覚には時間の契機が次第に過去へと衰退して「変様」する構造が見出される。認識の対象を基づけるという意味で、「自己意識」の統一としての「内的時間意識」において「顕在的今」は「基づけ」の「原点」をなす。それは「過去把持」の「積み重なり」によって統一される「持続」を通じて、それぞれの「今」が「最前の既在」として、「秩序」を与えられることである。

これが「内的時間意識」としての「持続」の特性である。「持続」は内容の「持続」であり、それは内容を刻々と捉えている「位相」が連続的に「内的時間意識」を順次、構成するとき成立する。フッサールによると、この内在的な所与の「持続」は、一方で顕在的に持続しつつ、未来を「予持」しながら、過去を「把持」によって遡示する（X 84)。ただし、「今」は刻々と過去に沈下しており、どの「今」も「過去把持」と「未来予持」という志向性によって「内的時間意識」に依存する非独立的な「位相」に過ぎない。言わば、「今」は顕在的なあり方をしながらも、それは「過去把持」された他の「今」によって基づけられていなければならない。顕在的な「今」を基づける働きとしての「過去把持」は常に「連続体」をなす（X 117）。つまり、「内的時間意識」には多様な「流れ」の局面が「位相」として含まれている。「過去把持」は「瞬間的」に過去へと沈下する「位相」を「尚も」捉えている「過去の意識」である（X 29）。これは「経過」した「位相」をいまだに「〜した」という意識によって「尚も」という様態で「今の意識」において捉える「志向の連続」になる。過去への絶えざる「沈下」と新たに登場する「今」を把握する作用が「同時」に働き、さっきまでの「今」が「最前の既在」として、次第に遠のいてゆくという「変様」によって経験されることができる（X 31）。

フッサールの「内的時間意識」の構造では、「瞬間的」に把握される「経過」が、「時間の様態」として統一的に捉えられる。この「瞬間」については、本章第六節（a.）で詳しく述べる。フッサールが意識に「多様体」を適用するのは、過ぎ去る「時間契機」とその多様を含む「内的時間意識」とが「同時に」構成されうるからである。「まずわれわれは内在的時間客観の経過様態（Ablaufsmodi）が、一つの出発点を、いわゆる源泉点を、有することを強調する。それは内在的客観が存在し始めるその出発点をなす経過様態のことである。そしてこの様態に今という性格が与えられている。種々の経過様態の絶えざる進展のうちには次のような注目すべき特徴が見出される。それ以後の経過位相はすべてそれ自身一個の連続であり、しかも絶えず拡張する連続、幾つもの過去を集めた連続である。われわれは客観の持続の経過様態の連続性に持続の各時点の経過様態の連続を対立させているが、後者の連続は当然前者の経過様態の連続のうちに含まれている。したがって持続する客観の経過の連続は、客観の持続のさまざまな時点の経過様態の連続体を自己の諸位相とする一個の連続体である」（X 28）。フッサールは、「内的時間意識」という「持続」に「連続体」が含まれることを示唆しているが、さらに重要な観点として、その「諸位相」が実は「持続」に含まれる諸時点の「経過」であるということも指摘している（X 27）。つまり、「内的時間意識」における「持続」には「経過様態」が見出されるが、その「絶えざる連続」は、先に第一節で述べたように、その一つ一つの「位相」において「幾つもの過去」が凝縮している（X 28）。フッサールが「多様体」を「意識流」に適用するとき、「一」を構成する「多」のそれぞれが、また再び「多」を含むことが明らかにされる。

第四節　意識の流れの統一

これまで見てきたように、フッサールにおいて「現出」としての知覚は、認識の対象を「基づける」意識の統一である。そこで、「志向の充実」もたらす「意識流」における「顕在的今」が、認識の「能作」にとって中心的な役割を果たす。

また、「生き生きとした知覚」に含まれる志向の働きは、経験的な事実というよりも、「形式的な法則」として捉えられる。「充実化」する「今の時点」には、根源的な「印象」の登場とその派生的な「変様」とが「連続」をなし、次第に変化してゆくという「可能性」が帰属している。これは「過去把持の体系（過去把持の過去把持）」を含む「多層な構造」になる。「過去把持それ自身は顕在的であるが（ただし顕在的な音ではない）、しかしそれは既在した音の過去把持である。思念の光（Strahl der Meinung）は今へ即ち、過去把持そのものへ向かいうるが、しかしその光は過去把持的に意識されたものへも、即ち、過ぎ去った音へも向かいうる。しかし意識の顕在的今は全て変様の法則にしたがう。それぞれの今が過去把持の過去把持（Retention von Retention）へと変移し、しかも絶えず変移する。その結果、過去把持の絶えざる連続体が生じ、そこでは後の各時点はそれ以前の各時点にたいする過去把持となっている。したがって、全ての過去把持はそれぞれ既に連続体である。音が鳴り始め、それが絶え間なく鳴りつづける。音の今（das Ton-Jetzt）は音の既在（das Ton-Gewesen）へ変移し、印象的意識は絶え間なく流れつつ次々に新しい過去把持的意識へ移行する。流れに沿い、流れに同行することによって、われわれは起点に帰属する一連の不断の過去把持を所有する。だがそれだけではなくこの系列の、以前の各時点が過去把持という意味ではそれぞれ一個の今として再び射影しているのである」（X 29）。第一節で述べたように、フッサールにおいて「過去把持」は沈下した「位相」を「今、尚」捉えている働きであるが、それは「過去把持の過去把持」という連続を次々に生じて、「伸長」する。第二節では「非独立性」の「要求法則」と呼ばれた「意識流」の不断の生成が、「意識の顕在的今」のもとで「変様の法則」を通じ、「流れ」として露呈される。

「過去把持」は「知覚の現在」を構成する「単位」であり、それによって、いわば過去と現在とを繋ぐ「拡がり」が提供される。「時間客観」を「再生」によって捉えることができるのは、それが「意識の持続」を貫く「連続体」を通じて「今、尚」捉えられているからである。勿論、「過去の意識（～であった）」は「現在（である）」とするどく対立するが、「今尚、それは～であった」という把握を通じて、「過去」は「現在」と「何らかの関係」を保ち続けていると言える。「過去」の出来事を「再生」する働きは「現前化」と呼ばれるが、これについては、第五節で後述する。

「客観の持続」は「最前の既在」を含みながら連続的な仕方で捉えられている。「過去把持」された「位相」は、それぞれが「最前の既在」であった「今」として理解される（X 33）。それらは「過去把持の連続（Kontinuität von Retentionen）」と言われ、その連続の極限が、実在としてでなく、「境目としての今」である（X 30）。フッサールによると、この「時間客観」は「統握」を通じて把握される。この「統握」の基礎には「過去把持」の連続が「今、尚」という仕方で働いている。「統握」は「印象」とその「経過」をともに把握して「生かす」ことである（X 110）。より詳しく見ると、感覚された所与の「統握」の内部では、「今として把握すること（das Als-Jetzt-Erfassen）」である「今統握（Jetztauffassung）」が不可欠になる（X 30）。なぜならば、フッサールによると、「沈下」を通じても「今の位相」が保たれることが認識の「能作」の特性なのである。第二節で述べたように、「顕在的今」はこのような認識を遂行している「意識の統一」に依存しており、非独立的な「位相」にあたるが、それは「今として」にさいして「として（als）」を常に求めるのである。さらに、「過去把持の過去把持」の連続を一つに掌握する「統握」には、「知覚の現在」に向けて収斂する認識の目的論的な機能が欠かせない。

「知覚の現在」において「眼差し」が向けられる「音の持続」は、時間の「流れ」に内在する契機を備えた「同一者」となる。フッサールにおいて「内的時間意識」の分析には次の二つの方向が考えられる。それは、「流れ」を通じて捉えられる「内在的な所与の統一（現出者）」に着目する場合と「流れ（現出作用）」を注視する場合である（X 116–117）。「時間客観」と「流れそのもの」という両者は、「二重の志向性」と呼ばれる相互関係を保持している。「二重の志向性」は、「知覚の現在」において自己を拡張する「音の持続」を保つ「横の志向性（Quer–Intentionalität）」とそれを一つの「音の経過」としての推移を捉え続ける「縦の志向性（Längsintenionalität）」の働きである（X 82）。この「二重の志向性」は第一節で述べた二つの「基づけ」に即応する。つまり、「現出作用」に「基づけ」られるのが「横の志向性」に則した「時間客観」であり、これが対象の統一となる。「現出者」は「現出作用」によって基づけられており、「多様体」における「一」と「多」の相互関係を有している。次に、対象の統一と区別される意識の統一においては、「流れ」の統一が連続的な「過去把持」によって基づけられ、これは「縦の志向性」に則している。

フッサールにおいて、このようにして現象学的に捉えられる「内的時間意識」の秩序は、たんなる作用の経験的な共存を事実として報告しているのではない。それは「過去把持」の体系によって「連続体」を形成している「内的時間意識」には、第一章で詳述した「思考の形式」を「規整」する意味法則が見出されるからである。意識に適用された「多様体」は「全–空間」を表わすと同時に、その理論形式をも表わすという真意が見逃されてはならない（X 120）。かくして、フッサールでは「時間客観」は「意識流」を形式的に統一する二重の「基づけ」を通じて理解され、基づけられる「流れ」の「系列」を通じて統一する「内的時間意識（一）」は「位相（多）」に統一秩序を与えるのである。

第五節　現在と過去の統一

第四節で述べたように、「瞬間的」な「存続意識（das Noch-Bewußtsein）」として、「過去把持」は「たった今」を「尚も」という仕方で「引き留める」働きである（X 81）。加えて、この「瞬間的」な「把握」は客観を「同一化」する基礎になる。それは、この働きは「意識流」を「連続体」として構成するからである。第三節と第四節で述べてきたように、「連続体」を構成している諸位相が、すでに「連続体」であったが、これは「多様体」をなす諸分肢がすでにそれぞれ「多」とみなされることでもあった。

ではこのような、「入れ子」になった「持続」は、いかにして捉えられうるのだろうか。「内在的な所与の多様体」や「統握の多様体」としての「流れ」が、本節ではイデア的に理解される可能的な「能力」によって「自らを統一する」という「超越論的」な観点から解明されることになる。この「能力」は、現在と切り離された意識を「わたしの意識の統一」に結びつけるものである。認識の対象の「同一性」は、ここで「内的時間意識」を構成する「同一性」と同じ「形式的な法則」によって考察される。

フッサールでは、「時間客観」は「意識統一」であり、志向を通じた「同一者」として繰り返し「同一化」される。これは「持続」を通じて、過ぎ去った「経過」を「再生」することである。例えば、たった「今」過ぎ去ったメロディを「再生」するとき、それは認識の対象をたんに繰り返すだけでなく、「知覚の現在」

を再び「変様」として呈示することになる。この作用は「現前化（Vergegenwärtigung）」と呼ばれる。認識対象の「現前化」は、「知覚の変様」であり、認識対象の「現在化（Gegenwärtigung）」ではない（X 41）。知覚は対象を自己所与とする「現在化」であり、その想起や想像が「現前化」という「変様」になる（X 104）。「過去」の出来事は、「顕在的今と隔たりをもつ」という仕方で擬似的ながらも「今」与えられる（X 58）。「現前化」はこのような「顕在的今」との関係において「以前のこととして（als zurückliegend）」、かつて見たものを「再生」することである（X 59）。この「現前化」の働きは幾つもの「過去の重なり」を一つの「顕在的今」へと繋げる。この知覚を繰り返し再生する「同一化」には、「直線的秩序（lineare Ordnung）」への結びつきが要求される（X 71）。だが「過去把持」の連続だけでは意識の「流れ」は、けっして十分には解明されないだろう。例えば、一日の出来事は朝、目覚めてから実に様々な出来事によって分断されており、それらはあい結びつき、途切れなき連続をなしているとは言いがたい。しかし、どの出来事もわたしは思い起こすことができる。「わたし」は相互に関連をもたないばらばらな出来事を「想起」を通じて全体としての脈絡に帰着させることができる。つまり、フッサールは「現前化」という概念によって「包括的な意識の統一」をなりたたせているものを提示しているのである。「経過」を「再生」させることは、無数の出来事を一つの全体へと繋げることによって、「顕在的今」という「意識の持続」を自らに与えることになる。

またこのとき、認識の「能作」を発揮する「反省的」な把握を通じて「時間そのもの」の構成が露呈されると考えられる。即ち、「時間が構成されるためには同一化の可能性がなければならない」と言われている（X 109）。ここにフッサールは充実された時間経過を無限に繰り返し産出する「可能性」を備える「わたし」という「能力」を指摘している。そして、「能力の集合」として「多様体」は提起され、無限の反復可能性を担う「形式的な法則」を有していることになる（X 42–44）。「内的時間意識」において「時間客観」は、内在的な所与を通じた「現出者」であるが、それは多数の知覚の中で繰り返し把握されうる「同一者」であり、「わたし」という「能力」によって反復され、イデア的な「同一性」が認められる（X 109）。

このときフッサールは「内的時間意識」が構成される経験の過程も「同一化」によって考察しようとしている。そのためには「現前化」を通じて捉えられる「能力」という観点によって、「内的時間意識」を単なる「持続」という観点から、より深め一層拡大する必要が生じる。「能力」は一旦分断されたものも「持続」に帰着させるという考え方を含むからである。「わたしはある根源的な図式（ursprüngliches Schema）を有している。即ち、それ自身の内容を伴う一つの流れと、またそれに加えて「わたしはできる」という根源的な多様体（ursprüngliche Mannigfaltigkeit des "Ich kann"）を有している。つまり、わたしはその流れのどの位置をも想起することができ、そしてその流れをもう一度産出することができる」（X 109）。この「多様体」は、『論理学研究』では「表象の多様体」と呼ばれた「志向的な作用」の統一として理解される。「時間客観」も志向を通じた「同一性」に基づく対象であり、そこには「同一化」の可能性が理念的に求められている。この理念的な性格には「能力の多様体」が対応しており、繰り返される「能力（多）」が「持続（一）」を「現前化」する（X 42）。ここで、フッサールは「意識流」を構成する「能力」を「絶対的主観性（absolute Subjektivität）」に帰属するものとしている（X 75）。では、「過去把持」の連続と「現前化」とはいかにして「意識の統一」をなすことができるのだろうか。知覚の「今」の内容を捉える「過去把持」は、途切れた過去の出来事を重ね合わすさいに、再び「現在の知覚」をなすと考えられるのだろうか。この意識を包括する「根源的な統一」については、次節で、「連続的-瞬間的」な「堆積」として解明する。

この現在と過去を「わたしの意識」において統一する「能力」によって示唆される「超越論的主観性」の重大な役割については、第三章以降で詳述する。特に第五章で論理学の「超越論的な基礎づけ」にさいし、「超越論的主観性」は「世界の構成」という働きとして理解されることになる。

第六節　内的時間意識の統一

第五節で述べた「わたしは～できる」というイデア的に理解される「能力」は、反復されうる「現前化」を通じて「図式の多様体」を提供する。これは「多」を含む「意識の統一」を可能にする「働き」そのものである。内在的に客観を構成することは、「対象の再生」であり、「持続」を再生する「現前化」にあたる。この把握には「過ぎ去った」という「経過（多）」が、「今（一）」において「連続的-瞬間的に重ね」られる。多層に機能する「現前化」という「能力」は、「流れ全体」を「自己構成」すると考えられる。

a．瞬間の共在

フッサールにおいて「過去把持」された「既在の意識」は、「知覚の現在」の中心に登場する「今」と「連続的-瞬間ごとに（kontinuierlich-momentan）」結びつけられる（X 81）。それによって「たった今知覚した」ということが、「内的時間意識」において「過去把持」による「変様」を通じて捉えられる。この「過去把持」の連続にしたがう移行は「現前化」を通じて「生き生きとした知覚に重ね」あわせられる。これは、第一節で述べた「過去把持」の連続による「連続体」が「瞬間ごとに」捉えられることである。フッサールは「過去把持」を「第一次的な想起（primäre Erinnerung）」と呼び、「現前化」を「第二次的な想起（sekundäre Erinnerung）」と呼んで関連させている（X 35）。第五節で述べたように、途切れた意識を統一する「現前化」の働きは、「多様を手放さない」という仕方での「過去把持」の拡張であり、これが「過ぎ去った瞬間」も過ぎ去ったものとして尚、意識の内に連続的に捉えることを可能にするからである。ここでは「時間客観」としてのメロディが「過去把持」を通じて捉えられるのではない。寧ろ、知覚をなりたたせる広範な意識生という意識の繋がりそのものが問題とされる。

これまで、「知覚の現在」における内在的な所与には、第四節で述べた「二重の志向性」が働いていた（X 80）。例えば、「ある音」を聞くとき、わたしは「流れ」の中で感覚された「持続（一）」へ向かうこともできるが、他方、「過去把持」の「変様」である「流れ」の中で自己を構成する「経過様態（多）」へも向かうことができる。「内的時間意識」における多様の統一としての「多様体」は、このような志向的な構成における「二重の志向性」を「働き」に則して保持している。「音は音の今として（als tonales Jetzt）始まり、絶えずそれに新しい今が次々に結合する。しかもどの今もそれぞれの内容を持ち、わたしは現にあるがままのその内容を視向することができる。そのようにしてわたしはこの川の流れを泳ぎ、直観の眼差しでその流れを追跡することができる」（X 124）。このとき「知覚の現在」において「眼差し」が向けられる「音の持続」は、瞬間ごとに「鳴る働き」によって時間の「流れ」に内在する多様な契機を備えた「同一者」となる。そして、今度はこのメロディや音の把握は、広範な全意識生の部分と見なされることになる。

より詳しく見ると、途切れた意識を繋ぎ、「持続」に繰り返し復帰させる「現前化」には、フッサールが「前現象的意識」と呼ぶ、時間を構成する意識の「配列（縦−横）」が前提されている（X 83）。この「配列」は瞬間ごとに「共在」し、それ自身は「流れ去って」ゆくという「瞬間の関連」をなす。「横の志向性」は「内容の持続」を「同時性」において保つが、「縦の志向性」は「流れの推移性」を形成する。この「恒常的統一」が「縦の志向性」によって貫かれる「連続体」をなす。「縦の志向性」はメロディや個々の知覚から離れ、それらを小さな部分として含むような、最も広範な意識の統一を成立させている。この「わたしの意識の統一」は「現前化」の前提となっているものである。

「横の志向性」に働く「過去把持」はその都度の内容や対象を分断されたものとしてなりたたせるが、他方、「縦の志向性」に働く「過去把持」は最も形式的な「流れの統一」をなす。この形式的な統一は、分断をなりたたせるための現在に繋がる「意識の統一」である。これは、今まで述べてきたメロディや音を例にとった「知覚の現在」に結びつく「過去把持」を越える拡大になる。フッサール自身はどこにも言及していないが、わたしはこれを「過去把持」の重大な拡張として解釈したい。ここには意識全体に働く息の長い「過去把持」が形式的に、即ち、「原理」として露わになってくるのである。ここには、「わたしの意識」を統一する「連続体」が備えている多くの「今」が、それぞれが内容を持たずに一つの「変様」によって結びつき、同時に捉えられることになる。

それは「過去把持」を伴う絶えざる「自己変様（過去把持の過去把持）」である。この「変様」は「新しい今」が「根源感覚（印象）」として登場してから「過去把持の過去把持」へと次第に移行するにつれて、「連続的-瞬間ごと（kontinuierlich-momentan）」全ての瞬間があたかも重なる様な「前-共在」と言われる（X 81）。「意識のどれかの位相（音の持続の或る広がりが、たったいま流れさったという様態で現出するような位相）を観察してみると、この位相は前-共在的に統一された過去把持の連続を包含しており、この連続は連続して先行した流れの諸位相の（瞬間連続体Momentankontinuität）の過去把持である（即ち、この連続は最初の起点では新しい根源感覚であり、それに続くその都度の第一の分肢、即ち、最初の射影位相では先行した根源感覚の直接的過去把持となり、その次の瞬間的位相では先行した根源感覚の過去把持の過去把持であり、以下同様である）。したがって、流れが流れ続けるに任せておくとわれわれは経過の状態にあり、最前記述したような連続性によって過去把持的に変遷する流れの連続体を所有することになる。そこでは瞬間ごとに共在する諸位相のその都度の新しい連続はそれに先立つ位相における共在の連続全体の過去把持である」（X 81）。意識を包括する「前-共在（vor-zugleich）」として統一する「瞬間の共在」は、「縦の志向性」に働く拡大された「過去把持」によって結びつき、それによって「眼差し」を「過去把持的に変遷する流れの連続体」に向けて固定することができる。この「前現象的意識」という統一意識には、「過去把持」による「変様」を介した「多様の統一」があたかも「瞬間ごとに」成立している。瞬間、瞬間の「今」から「現出者」が、「時間客観」として統一されるとき、その前提になる諸位相の「経過」を通じ、「基づけ」られた「今」には、全ての「今」を一つの場所に重ね合わす可能性が必要となる。この拡大された「意識の今」には内容を捨象した「瞬間」が同時に共在するという形式的な重層構造が見出される。

フッサールは「多様体」を「意識流」に適用するとき、「連続体」という「諸位相」の連なりを説明する以上に、「意識流」の「顕在的今（二）」に堆積している「瞬間的な多様（多）」をも解明しようとしていると言えるであろう。これが「流れ」を通じて相互に結びつく「持続」として「再生」されることになる。これは拡大された「過去把持」によって「尚も」引き留められており、「前現象的意識」をなす。これが「現前化」の前提になる「意識の統一」である。それはまた、「恒常的」な「後退の意識」を貫くような「瞬間連続体」に相当する。なぜなら、意識の中で「経過様態」は、それ以前の幾つもの「諸位相」の沈下を結びつける「過去把持の過去把持」を通じて把握されているからである。

このようにして意識の内部で志向的に構成される「流れ」の「変様」には、多様に分岐する「根源感覚」の「共在」を包括するような一つの「拡がり」が、「瞬間ごとに」捉えられている（X 77）。このように理解される「瞬間の共在」において、フッサールは「入れ子」構造をもつ独自の「多様体」によって「前-共在」に遡る意識の自己構成を捉えようとしている。

b. アイグラーのフッサール批判

アイグラーは『フッサールの時間分析における形而上学的前提』（一九六一）で、フッサールの「内的時間意識」の自己構成としての「時間論」について批判している。(3)『論理学研究』では、学問の基礎づけに関して無前提性を提唱したフッサールにおける時間構成の考察には、時間を天体運動に結びつけ、「今」という時点をこの全体的な時間の「限界」とみなす伝統的な「形而上学」が隠されているからである。また、アイグラーはフッサールが「意識流が何故に流れるのか」という「根源的な問い」については不問にしたままであると指摘している。[4]

フッサールでは時間構成が空間構成に先行する動的な構成になるが、アイグラーによると、空間の方がより根源的な仕方で存在者を与える「今-現在」として問われるべきではないかとされる。アイグラーは志向としての時間構成を立ち入って考察しており、地平を「立ち止まる今」という開かれた根源性のもとに捉えている。[5] 即ち、時間の方が、「今」に向けられる眼差しの「包括者」であって、「今」において位置づけられる存在者は「今の地平」を充実する形態と見なされる。[6] アイグラーの批判はフッサールが時間と空間とを共に「充実した延長」として類比的に捉えようとするその心理主義的な「方法論」に向けられている。時間が志向を充実する存在者とされるとき、運動の位相を介してその持続が規定される。[7] ところが、存在は持続によって生じるのではないし、存在が居あわせる「今」は時間という「動き」に応じて、以前-以後へ二重に「分裂」してしまう。それでは、過去という「否定された今」が再び重ねあわせられる「今」は、果してどのようにして捉えられるべきだろうか。[8] アイグラーの用意した結論は、隠れた要請として時間を「動態」と見なすことを否定して、以前-以後関係を空間だけに限定して、時間を「今」によって切り開かれる地平と見なすことである。[9]

ここで、アイグラーは「今」を存在者が開示されるべき唯一の地平としている。さらに、主観の顕在性は「存在の居あわせて」いる地平と見なされ、主観は今地平を「恒常的に造る」とされる。[10] この「超越論的主観」が産出するのは時間位置における「今」であり、フッサールが言うように決して、「時間そのもの」ではないとアイグラーは論難する。[11] このようにして、アイグラーはフッサールの時間構成が「流れ」という位置の体系に依存しながら、「今」を担う「超越論的主観」にも密かに相関せざるをえないという空間と時間の齟齬を指摘しており、それが学問の無前提性を訴えたフッサールにおける「隠された前提（形而上学）」に由来することを告げている。

アイグラーの指摘は、フッサールが大陸合理論という「実体」の形而上学に制約されていたことを如実に物語っている。なるほど、ライプニッツやデカルトの「理性中心主義」をフッサールは比較的無批判に採用しているとも言えるであろう。だが、フッサールが「内的時間意識」の分析にさいし実際に用いているのは、「最前の既在」となった内在的な所与を振り返るというきわめて経験論的な手法でもある。フッサールにおいて「意識流」に適用された「多様体」は、「瞬間-連続的」な根源性によって示される。フッサールにおいて、「瞬間」には全ての時間が重なっており、「多」こそが「一」を形成すると同時に、「一（普遍）」は常に「多（個別）」を規整していることが見逃されてはならない。「過去把持」を通じて「多様を手放さない」という「意識の今」の「源泉」を見出したフッサールの「動態論的な観点」の独自性が、あらためて評価されるべきだろう。フッサールが見出している「意識生」を統一する「入れ子」構造としての「瞬間の共在」には、アイグラーの平板な現象学的な時間理解はとても及んではいないからである。

第七節　事物と意識の統一

以上見てきたように、第一節では、認識の対象は「意識の統一」によって「基づけ」られた。「意識の統一」は「内的時間意識」であり、それは志向の連続を通じて「基づけ」られた。第二節では、「内的時間意識」が本質法則としての「非独立性」によって連続的に構成された。過去へと沈下する位相を「尚も」把握する「過去把持」によって過去への沈下と新たに登場する「今」を捉える作用が同時に働いた。第三節では、知覚の連続は「統握」を通じて構成された。「統握」の基礎には「過去把持」が働いており、その極限が「今」であった。第四節では、「知覚」には「縦の経過」と「横の共在」という「二重の志向」が認められた。「充実化」する「今」において「過去把持」の体系を通じて認識の対象が統一された。第五節では、過去と現在を結びつける「現前化」によって「わたしの意識」による包括的な統一が理解された。「今」に結びつく「過去把持」は意識全体の統一を形式的に成り立たせる「縦の志向性」によって形式的に「拡大」された。第六節では、「現前化」を通じて明らかとなる「今」が「瞬間の共在」と呼ばれた。多様な「根源感覚」が生き生きとした「経過（多）」をなし、それらが同時に「入れ子」として含まれる「場所（一）」を提供した。これは形式的に全意識を統一する「縦の志向性」によって理解された。

このようにして、フッサールは、知覚の「経過」に秩序を与える「多様体」を意識に適用したのである。多様の統一としての「多様体」は、「内的時間意識」を志向の働きによって解き明かす手段を提供している。「流れ」は「基づけ」によってあたかも「入れ子」のように統一しており、それは「一即多」の二重構造を有している。これは、それぞれの「今」が「基づけ」られる統一と、「流れ全体」の「連続体」としての統一をなす。それによって、主観の側での「知覚経過」の多様と客観の側での統一とを結びつけることができるのである。「新しい今」が「連続的－瞬間的」に登場するとき、多様を手放さない「現出様式」を備える「知覚」が構成される。さらに、「今」の生き生きとした知覚に働く「過去把持」とは別の仕方で現在から分断された過去を想起する「現前化」が成立する。つまり、全意識を統一する形式的に捉えられた「過去把持」が考えられる。これは意識全体に働く「過去把持」として見出される。「意識流」という「連続体」を内容の充実からではなく、内容を持たない瞬間の重なりによって捉えるとき、「今」の複合が「同時」に共在することが理解される。この共在は「意識流」から内容を捨象した形式的な重なりであって、「多様体」

として捉えられる「わたしの意識の統一」を示す。本章で扱った「内的時間意識」は生き生きとした流れであるが、それはフッサールが晩年になって「生活世界」における「存在論」を提唱するきっかけになっている。なぜならば「事物」のもつ現実性は、フッサールによると「意識流」の「生動性」と切り離せないからである。反省的に捉えられる意識の相関者である「生活世界」については、特にその論理学との結びつきを中心にして第六章第一節および第二節で詳述する。

これまでは「時間客観」を主題としてきたが、次に志向的な対象のなかで現実に存在するもの、即ち、「事物」を主題とする。第三章と第四章で後述するが、「事物」は「内的時間意識」に即応して与えられる。フッサールでは、「事物」や「事物世界」は「存在するもの一般」というより、認識の目標としての因果的な依存を通じた「同一者」になる。その「現出様式」は対象そのものを指示するのでなく、対象が与えられるさいの所与性格の多様である。「多様体」は認識機能のもとに「同じ」一つの対象を示す「体系」として理解される。このとき「事物」は単独に考察される「具体者」というより、包括的な「因果法則」の内に「住む（leben）」と言われている。[12]

「事物」は表面的に捉えられるというより、「隠れた法則」によって理解されることになる。フッサールはこのような知覚の「経過」としての「事物の現出」について、それが「内的時間意識」における「持続」に即応することを述べている。「ところで、われわれは、事物の知覚の場合にも内在的な知覚の場合にも、それらを持続する知覚と呼んでいる事物の知覚の場合は、恒常的な知覚現出までも、即ち、過去把持や未来予持との絡み合いを無視して、事物の今の諸現出の連続までも知覚のうちに数えている。事物現出、定位の内にある事物（das Ding in seiner Orientierung）、一定の様式で呈示された事物などは、現出する事物そのものと同様、持続するあるもの（etwas Dauerndes）である。元々わたしは定位の内にある事物という言い方をすべきではなく、事物現出の過程と言うべきである。事物の現出は定位が変わらない場合にはそのまま持続し、そうでない場合はある持続の範囲内ではあるが、諸現出の恒常的変化の経過である」[13]。「現出」する「事物」は「持続」として構成され、それに即応する外的な「現出」を通じて捉えられる[14]。さて「事物」と「意識の統一」をいかにして認識することができるのだろうか。次章では、フッサールによる「理性の批判」がいかにして現象学的な方法によって試みられるのか考察される。それは、出発点として本章でとりあげた「意識流」に適応される「多様体」である「意識の統一」によってまず明らかとなる。知性の形式を表現する「多様体」を手掛かりにして、対象と体験との相関関係についてより現象学的な探究を進めたい。

第三章　現象学的認識批判としての多様体論

本章では、前章で扱われた一九〇五年の『内的時間意識の現象学』に比較的近い時期のテキストを中心にしてフッサールによる現象学的な認識批判の試みを考察する。一九〇六年から七年にかけて行われた講義にもとづく『論理学と認識理論入門』（全集版XXIV巻）と『現象学の理念』（全集版Ⅱ巻）（文中ではそれぞれ『認識入門』、『理念』と略す）を主なテキストとする。また、『論理学研究』が提起した「多様体論」を顧慮して、意識の措定であるノエシスによって認識の機能を解明する。ノエシスは『論理学研究』では客観化作用を基づける表象と呼ばれた志向的作用の概念をより発展させたものである。

この時期、フッサールは自らの負う哲学的な課題の深まりをますます自覚していた。フッサールは『理念』の「講義1」の末尾に次のように付記している。「現代の哲学にたいして、というより従来の哲学全体にたいして、それが独自の哲学の方法を備えていたにも拘わらず、わたしが敢えてこのような酷しい非難を加えるのは僭越に聞こえるかもしれない。しかし、この場合沈黙は無益である。重大な事柄が問題になっている場合、わたしは僭越と思われることも敢えてしなければならない。純粋研究によって学んだことを述べ、観取された真理に反することをその理由を熟考した上で論駁することはわたしの義務である。…（中略）…しかし、長年の研究のすえ獲得され、何度も練りあげられ、検討され、訂正され、全く独自の立場で思考された思想は少くとも真面目に研究され、改めて熟考されることを要求しうるものと考える。本書の論述は、ためらいがちな、そしてためらいのあまり殆ど懐疑論的になった考え方の餌食にもならず、不変の真理を含んでいると言えよう。本書で問題になっているのは、既に拙著『論理学研究』を支配している洞察の究極的闡明であることは、この未完の不完全な著述でもその深い直観力によって確認されるであろう」（II 90–91）。フッサールは、『理念』をはじめとして、『認識入門』でも心理学と純粋論理学を思考の形式によって捉えているが、それを単なる現象関連へと解消してしまうのではなく、「多様体論」に代表されるイデア的な法則連関とみなすことによって、体験（多）と対象（一）の相関（一即多）について現象学的に方向づけられた認識理論を創始したのだった。

第一節　真　理

フッサールが試みた「認識の批判」は、第一には直観による絶対的な自己所与に根拠づけられる方法である。これは自然的態度における「既成の妥当」を利用する自然科学ではない。フッサールでは真理は、「スペチエスにおける一致」を体験することであり、それは命題によって総合される「妥当」によって明らかにされる。この一致は『論理学研究』の時期では、直観を通じて志向が完全に充実化されるという「同一化」であった。フッサールは『論理学研究』（一九〇〇／一）と『内的時間意識の現象学』（一九〇五）をへて、『現象学の理念』（一九〇七）の時期になって、はじめて主観的な認識形式としてのノエシスを通じて「認識理論」を主題としている。これは同一の対象に関わる「諸作用の多様体」を通じた真理の解明になる（II 75）。

a. 明証性

現象学において「認識理論（Erkenntnistheorie）」はもっぱら理論に関わり、それゆえ形而上学や自然科学に依拠した主張をもたないとされる。また、それが主題とする「スペチエス的関連（spezifische Zusammenhänge）」によってなりたつのが「理論の理論」である（XIX 27）。このような無前提性への要求によって根拠づけられるべき「認識理論」は、絶対的な自己所与をもたらす直観によって明らかにされる。

フッサールは自然的態度の学問の上には「認識理論」は、建設されないとしているからである（II 36）。直観に基づけられる「明証性」は「理性の問い」として定式化されることになる。「明証性」は自己所与として捉えられる認識の主観的な性格であり、ここでは意識の内在として理解されている。ここで、「明証性」は対象の側の確実性というより、寧ろ、主観の側での「疑い難さ」である。これは、事象と呼ばれる世界の全ての出来事の確証性や存在妥当を支える「根源性」であり、特にフッサールでは、意識の根本特徴として「明証性」は意味を有している。というのは意識に内在することが疑うことの限界を示すからなのである。

『論理学研究』では、フッサールの「認識理論」は、客観的な真理の形式と考えられていた。学問や科学は理論を備えているが、それらは全て同一の「理論形式」によって成立しているからである。それは次第にフッサールによって認識という主観的な働きの備えている形式を指し示すものになってゆく。『論理学研究』では純粋論理学の客観的なイデア性を重視したフッサールは、やがて客観的な真理を認識する側の主観の働きにも着目するようになったからである。これは客観的な理論の主観的な構成や認識がいかにして可能なのかという「理性の問い」として定式化されてくる。このことは、フッサールが『内的時間意識の現象学』において時間客観としての認識対象が、「意識の統一」に基づけられることを発見したことに起因しているだろう。

フッサールは事実だけを主題とする心理主義によってではなく、イデア的に理解される認識の働きを「機能」として明らかにしようと試みている。対象を構成する認識が、第一章で述べた「基づけ」や理論形式を通じて解明される。自己を明晰にする「理性の原理」は、「理性を理性にもたらすこと（die Vernunft zur Vernunft bringen）」と言われる（XXIV 239）。また、「ア・ポステリオリな学問領域において全ての理性はア・プリオリな原理を有している」とも言われる（XXIV 237）。フッサール自身は後に、事実を包括する理性の根源領野を「超越論的主観性」としている（VIII 28）。「超越論的主観性」がフッサールのテキストに用いられるのは、当時のテキストの成立事情を逐一調べたケルンの報告によると一九〇八年以降である[1]。

意識と対象との相関が「ノエシス理論（Noetik）」の基礎にあり、そこでは「真理」は、「的中（Triftigkeit）」である。フッサールによると現象学の基礎部門は、認識の「的中性」の可能性を究明することによってなりたち、それゆえ個別的な科学のような「自然的な認識の批判（Kritik der natürlichen Erkenntnis）」を目標とする（II 22）[2]。「的中」は「自己を告知する」働きであるが、「認識の内部」に明証的に与えられるものである。この明証性は第二章で解明した「意識の統一」に遡る。この時期、一九〇六年以降のフッサールによる「内的時間意識」の記述については第三節で後述する。フッサールは内在的な認識が同時に対象というういわば「超越」についていかにして「的中」するものであるのかを現象学的に明らかにしようとしている（II 84）。

フッサールによると認識において対象を構成することは、判断を通じて事態を自己所与とすることである。この判断には事態を見て取る「洞察的な思考」の働きが伴っている。この判断形式にはフッサールによって強調された普遍的なノエシス形式が見出される。『論理学研究』では「基づける表象」が判断の基礎に考えられたが、対象一般を形式的に措定するノエシスは「志向的な作用（体験）」であり、正当性や非正当性が区別される「知性の原理」をなすとされる（Vgl. XXIV 153–154）。

フッサールによると認識する主観は、「真理」を主観的な明証において、「自らのもとで妥当する」という絶対的な自己把握を経験する（XXIV 153）。しかし、「命題自体」は主観を超え、時間も超えており、それとともに真理は心理主義的な事実から離れた「理念的なもの（ein Ideales）」になる（XXIV 142）。

序論で触れたように、「命題自体」は「厳密に同じ事態」を表わすが、他方では様々な個別の判断によって志向される「理念的な同一者」である。多様な作用を「真理」に向かい統一する働きが、個別的なノエスなのである。個々のノエシスは「多」による「一」の統一を遂行する「能力」の表われである。「ノエシスの多様」は直観に適合する「合致」や「妥当」としての「真理」を可能にするいわば認識の形式であり、自然科学的な事実に解消されない。このようにして理解される「志向の充実」には、認識の対象を自ら構成して、確証するという「理性」の働きが見出され、判断の「正しさ」は直観に適合した「合致」と見なされることになる。

かくして、フッサールでは「本来的な真理」は「スペチエスの的中」によって理解され、志向対象と充実する直観との「合致（Deckung）」であると言われる[3]。

b. ローゼンのフッサール批判

ローゼンは『フッサールの記述的な超越論哲学における明証性』（一九七七）においてフッサールが提起した「真理自体」に隠されたドグマを批判している[4]。フッサールでは「明証性」は、志向の充実によって体験される。その「十全な充実」は感性的に把握される「質料契機」によってもたらされる。だが、「普遍性意識」としての「範疇的直観」では、範疇形式を基づける内容は「心的結合」によって統一をなす。これは記号として表意的に充実され、本来的な所与として感性的に充実されない。では、いかにして高次の志向によって「普遍性意識」が実現されるのだろうか。これは、充実が部分的な契機による段階的な増強であり、そこで内在的な感性的契機によって、本来的な充実がもたらされることに由来する。

ローゼンは『論理学研究』で抽象理論の枠内では判然とされなかった「普遍性意識」に到達するためには、後に、『イデーン』において登場する「領域存在論」をまたなければならないと指摘する。(5) ローゼンは、フッサールが認識理論の基礎を論理学に求めながら、「感性的な意味契機」に偏重した心理主義的な解釈を採用しており、そこから主観的な「十全な充実」を客観的な「普遍性意識」に見たてるドグマが生じるとしている。(6)「超越論的」な働きである「明証性」が「超越論的主観性」の機能であると理解する一方で、論理学を基礎づけるべき「存在論的な観点」が見逃されてはならない、とローゼンは言う。さらに、自己自身を記述する意識の働きこそ、「現象学的還元」を通じて開示される「世界を越える道」であるはずだとも述べている。(7)

ところで、フッサールはスペチエス的な「合致」によって「真理そのもの」を体験するとしながらも、それを「命題自体」としても理念的な仕方で認めている。だが、「命題自体」は主観を超越したものである。さらに、フッサールの超越論的な理性批判の試みには普遍的な理論に帰属するはずの「存在論」が欠落している。そこでローゼンは「真理」と「明証性」を「等置」することを批判している。(8)

確かに、フッサールは心理学には経験的な実在への関係がイデア的なものとして帰属していると想定しており、そのために「真理」と明証判断の可能性とを「等値」している。だが、この可能性は当然、リアルなものではないとされている。自然科学としての心理学に帰属する法則は、数学的なイデア存在と見なされているからである。この法則によって示唆されるのは、事実学というより、本質学や「存在論」を要請する形式的な普遍性ではないだろうか。ローゼンは「ノエシスの多様体」を事実と見なしたが、実際には、これはフッサールでは普遍的な「本質」であって、「存在論」を示すのではないだろうか（XIX 188-190）。

第二節　ノエシス理論と多様体

フッサールは『理念』では、「認識理論」を対象の認識における形式的な規則として捉えている。この規則は主観的には機能として、意味によって対象に志向的に関係する（II 19）。現象学は客観的な意味法則をその形式的な「普遍」によって考察する。ノエシスは主観的ではあるが認識の普遍的な能力を指示する。認識される対象の意味は、ノエシスによって定立されるノエマとして、普遍的な「スペチエス（本質）」を意味するからである。

対象一般に関するア・プリオリな学は純粋論理学であるが、対象を措定する論理的な理性の働きが「ノエシス理論（Noetik）」と呼ばれる（Vgl. XXIV 134-136）。ノエシスは『論理学研究』では「基づけ」を通じて捉えられる「新しい対象」の構成に寄与したが、ここでは対象一般の構成という認識の形式として現象学的に理解される（II 22）。

つまり、フッサールが「ノエシス理論」と名づけた認識の正当性に関する理論は、理論内実を備えている学問の本質を「論理的な理性」に照らして明らかにする性格を有している。この「ノエシス理論」は、認識の能力であり、実在を包括する「普遍学」に帰属しているからである。個別的なスペチエスとして理解される措定の働きである「ノエシス理論」は、第一章で述べた「多様体論」の個別的で主観的な機能の側面をなす。それは個々の「基づけ」の過程が、論理法則に表現される制約のもとに立つというノエシスの「規則」を同時に示すからである(9)。

またここで、形態としての「類型」が、「多様体」において統一的に捉えられるイデアであることを忘れてはならない。フッサールにおいて「類型」としての表象は、まず意味統一としては「普遍」であるが、それに即応する対象は事物である。本質（第二実体）は個物（第一実体）に内在しており、それに依存する。ノエシスは第一実体の措定に関わり、ノエシスに平行するノエマは第二実体の把握に関わるのである。

さらに、この論理学上の原理は、判断の基体を提供する事物や個体に遡る「明証性」を通じて、直接的に把握されることになる。これが第一節で述べたように「的中性」として「真理」を表明する「理性に基づく判断」と考えられる。ノエシスによる「同一化」が判断を充実化する総合の基礎に発見される。この総合的な「同一化」において構成されるのが第一節で触れた事態（範疇的対象）である。つまり、フッサールにおいて「ノエシス理論」は判断における措定の働きと論理学との相関的な結びつきを明らかにしている。また、フッサールが取り上げる「明証性」は、判断と事態との「合致」として捉えられる。この「明証性」をもたらすのが、適切な直観による充実である（Vgl. XXIV 322-324）。

充実化の形式は、「ノエシス理論」によって認識の形式として捉えられ、その論理的な働きが認識を根拠づけるものとされる。フッサールでは認識を根拠づけるものが認識の形式になる。そしてこれは数学的な形式化としての論理的な理性の表われである。フッサールは認識の形式を「ノエシス理論」として「多様体論」の主観的な側面によって理解している。「形式的算術学と多様体論（Mannigfaltigkeitslehre）の、即ち、特殊な数の諸形式や延長形式のあらゆる特殊性を超えるこの専門分野と方法の論理学的探究は私に特別な困難を与えた。……（中略）……私が数学化的論理学の内に、実際に量をもたぬ数学を見出し、数学の形式と方法を備えて、一方では従来の三段論法（die alten Syllogismen）も扱い、他方では従来の伝統には知られていなかった新しい推論形式をも扱う非の打ちどころのない専門分野であることを知ったとき、私には数学的なものの一般の普遍的本質や量的数学の体系と非量的数学の体系との間の自然的関連ないしは何らかの限界についての、また特殊な例では算術学の形式的なものと論理学の形式的なものとの間の相互関係等についての重大な諸問題が形成された。当然私はここからさらに認識質料と区別される認識形式の本質や、形式的（純粋）な諸規定、諸真理、諸法則と、質料的な諸規定との間の相違に関する、一層根本的な諸問題に進まざるをえなかった」（XVIII 5–6）。フッサールが「認識理論」において「多様体論」を要請するのは、認識そのものが理論のもつ形式的な側面（普遍性）を有しているからなのである。また、論理学を数学化するさいの形式化が「多様体論」を導くことになる。この算術化にさいして、形式存在論への包括的な考察が現象学では不可欠なのものになる。

このようにして、フッサールにおいて「明証性」は内容に関する充実に留まらず、それを包括する形式存在論（数学的な論理学）によって普遍的な仕方で捉えられることになる。それはまた、認識の働きである「ノエシス理論」によって解明されなければならないのでもある。

第三節　ノエシスの現象学

第一章で詳述したように、基づけられる「範疇的直観」は、「多様体」を通じた総合である。この総合は客観化に含まれる「知性の形式（思考法則）」にしたがうものである。これはイデア的な客観的な法則であると同時に認識という主観的な構成の規則である。両者に共通した理論形式は、最終的には普遍的な形式存在論によって諸学問を包括することになる。そこで認識の形式を主題とする「ノエシスの現象学」は、学問の成立する理論基盤を普遍的な法則性によって明らかにする。

a．学問の基礎づけ

同一の内容を認識する個別的な認識作用の「多様体」には、第一節で述べたように一つの真理がイデア的に同一内容として「的中」する。この対象の統一は第二節で述べたように潜在的な「理性」としてのノエシスの体系に収斂されるからである。第五章で明らかにするが、フッサールの試みる「理性批判」の最終的な目標は、「論理学・倫理学・価値論」に共通した「統合的な法則」を明らかにすることである（II 52）。

形式論理学は普遍的な「ノエシス理論」として自覚される。フッサールにおいて「法則」は、「自然科学的な法則」に留まるものでなく、より包括的な「思考の法則」に拡張される（XXIV 293）。そこで認識批判的に捉えられる対象が現実性において「的中」することは「明証性」を有しているとされる。対象が明証的に「洞察」されるためには、「意識の統一」をもたらす内在的な領域が確保されなければならない。この「内的時間意識」については本節の（b.）で述べる。また、第二節でノエシス理論において理解された、判断を通じて与えられる事態が「真理」であることは、フッサール現象学では「内在的な明証性」を備えていることと「等置」される（XXIV 321）。フッサールにおける認識批判の方法は反省的な態度によって成立するが、それが「多様体」と結びつくのは、先に第二章第四節で示したように、目的論的に理解されるべき「意識の内在的な統一」によって捉えることができるからなのである。

フッサールにおいて「ノエシス理論」は「多様体」の主観的な側面を示している。例えば、「多様体」という形式存在の代表的な例は数であるが、「無限」の「集合」を産出する法則にしたがうことが論理的に規定される対象統一の特性をなす。集合の結合の形式を＋とするとき、［a＋b］という総括形式からは［｛(a＋b)＋c｝＋d］という反復によって何らかの対象による「無限の産出体系」が生まれる。[10] また、第一章で解明したように「範疇的直観」は基づけという「多様体」のもつ形式法則によって規定されており、「個別事例」を基盤にした「普遍」として理解される（XXIV 329）。

この法則は「これ」において示される形式であり、個別的に与えられる事例として見なされる「具体者の範囲」を包括する。「ノエシス理論」そのものは、普遍的な認識の形式であるが、そこには「真理が的中する認識の範囲」が、対象統一へと向かい規定される。さらに、諸学問を認識批判的に基礎づけるために、客観的なイデア性と主観的な認識の間に介在するこのような「基づけ」の連鎖や「理論統一」が究明されなければならない。

b．意識流の明証性

一九〇七年頃、内在的な所与の絶対的な「明証性」は意識の自己構成としての「不可疑性」によって考察されている。前章では時間客観の成り立ちが「意識流」によって基づけられたが、本章では認識批判的観点から、「意識流」の内在的な「明証性」をさらに究明する。

『理念』では主に根源的な時間客観を構成する意識の内部において、思考の形式を表わす普遍的な形式が可能になることが指摘されている（II 71–72）。前章で述べたように、意識の連続が「明証性」の根拠として捉えられ、「過去把持」の連続によって「今」における「瞬間的な共在」を統一するからである。フッサールは『理念』で、現象学的な認識の働きを「ヘラクレイトス的な流れ」と呼んでいる（II 47）。ここにはロゴスを持つ無限の生成の意味が籠められている。本節では『内的時間意識の現象学』に収められているテキストの中から第二章では扱われなかった一九〇七年の『認識入門』と同時期の草稿を用いる。

時間の連続が内在的な所与の「明証性」を提供する。この所与の様々な可能性が「意識多様体」によって捉えられる。それは、一定の時間を充実する音や事物の持続が所与であるためには、同一の「流れ」が普遍的な形式として前提されるからである。「流れ去る」という連続が実在をいわば「代表象」するとされ、個別的な所与からなる「射影多様体」にとって共通の統一形式を提供する（X 275）。「流れ去る音の諸位相の連続性が同じ今において意識される」(X 275)。音という現象の時間的な射影について、フッサールは「音の位相による時間的な多様体(die zeitliche Mannigfaltigkeit der Tonphasen)」による絶対的な自己把握を主張している(X 276)。音の持続は諸位相の「連続体」をなし、それは経過としては「統握-連続(Auffassungs-Kontinuität)」に即応して形成される(X 277)。ここには絶対的な把握が諸位相の自己構成として見出される(X 278)。「われわれが音の現在の時点から出て、この時点を過去へひきよせるとき、この音の現在の時点の志向的同一性には音の感覚射影による連続体が対応する」(X 282)。

フッサールはだが、認識批判によって見出される「流れ」と個別的な所与の対比的な差異を「多様の統一」において捉えようとしている(X 269)。一九〇七年から一九〇八年にかけて、フッサールは、時間客観をよりダイナミックに捉えようとして、「代表象する多様体」から「射影多様体」へと、そして「過去把持的な現前化」としての意識の「流れ」へと、記述を繰り返し修正している(X 282–283)。それは最終的には「絶対的な意識多様体において内在的統一体が志向的に構成される」と言われることになる(X 285)。「時間客観は多様体による構成する流れなしにはありえない」とされ、「多様体は流れであると同時に時間的統一体として成立している」と結論づけられる(X 285)。

かくして、様々な統握の可能性が帰属する「多様体」における「流れ」という構造が、「ノエシス理論」をよりどころとする認識の批判的な解明を可能にする[11]。

c. 現象学的知覚

一九〇六年から七年にかけて、フッサールは『論理学研究』における「十全的な知覚」を徹底的に吟味しなおし、「現象学的還元」による認識批判を導いた。批判的な考察とは外的知覚を懐疑する方法なのである。それは知覚や判断を無批判に遂行する「自然的な態度」から翻り、暗黙に働く自然的な妥当を停止しようとする。認識を自らの明証的な地盤によって掘り下げ、根拠づけようとする認識批判的な態度において「自然は一つの可能性と見なされ」、そこで認識の対象は可能性のもたらす「普遍の事例」として理解される。意識に内在的ではない所与は「超越」として排去される。かくして、「現象学に帰属するのは現象学的還元において獲得された全ての対象性なのである」[12]。

このとき、『認識入門』では「現象学的知覚（phänomenologische Wahrnehmung）」が「現象学的還元」という新しい態度によってもたらされると言われる（XXIV 371-372）。「現象学的知覚」において純粋現象は、「純粋で絶対的なこれ（ein reines schlechthinniges Dies）、絶対的な所与性と不可疑性である」と言われる（XXIV 372）。「これ」は絶対的な一回性を備え、「多様体」を統一するノエシスの働きに即応するものとして理解される（XXIV 225）。「これ」は個別的なものであるが、類的判断によって「明証判断」の主語になることができるものである。それは個別的に見出される内在と普遍的に捉えられる「本質」とが、判断によって結びつくことである。例えば、音の「現象学的知覚」には顕在的な所与である限り、現象学的時間の「今（このこれ）」が帰属している。音は「持続する内在」であるが、それはそこで「同一者」として「現出する流れ」を通じて、音の現象という「現象学的時間」によって捉えられる。この「流れ（時間）」と「持続（音）」とは「多様体」をなし、即応しているが基づける「多」と基づけられる「一」として対比される。前章で詳述したように、「流れ」という現象を通じて同一に持続する音が現象学的な実在と見なされる。

フッサールによる認識の根拠づけは、主観と客観との対応説ではない。それは疑うことができない内在的な「意識流」によって確保される「現象学的知覚」に基づけられたものである。「これ」という絶対的な把握が、内在的な持続としての「自己所与性」、即ち、「明証性」を示す働きなのである。

第四節　学問論としての多様体論

以上、見てきたように、第一節では現象学的な認識批判によって捉えられる「真理」は、「的中性」として「内在的な明証性」とともに与えられた。第二節では認識の形式としてのスペチエスが個別的な措定の働きとして理解された。第三節では意識に適用された「多様体」を通じ、「時間客観」が「現象学的知覚」の有している「内在的な明証性」によって理解された。この「多様体」は例えば、「持続する音」と「流れ」との統一をなした。認識の対象の構成を捉える「現象学的知覚」は、「現象学的還元」によって導かれた。

このようにして「多様体」のもつイデア的性格は、『論理学研究』では範疇的に基づけられる高次の対象としての「普遍」にとどまっていたが、本章では認識によって正しく基づけられるべき「妥当」として理解された。これはフッサールが再び心理主義や相対主義に戻るかのように解釈されるかもしれないが、実はここにフッサールの画期的な観点が登場するのである。それは、フッサールが認識において「具体性」を離れず、それでいて普遍的なイデアを基づける「ノエシス理論」を提起しているからである。第一節で触れたように、「妥当」とは、これまで述べてきたように「内在的な明証性」によって成立する現象学的に獲得される「真理」なのである。

「多様体」において表現される思考法則は、諸学をそれぞれの異なった分野で成立させるが、それらの「知識領域」から独立の「普遍的な論理学」がそこから導出される。この「多様体」を通じて実現される体系は「理論の理論」としての「学問論」を成立させる（XIV 37）。諸学問や諸科学を成り立たせ、統一する法則は一つの基本法則に依拠するが、そこから「理論統一」が形成される。この「理論統一」はフッサールによると、「基本法則」による法則論的な「基づけ」を原理とする。第一章第一節で示したように、「多様体論」は「理論の統一」によって学問における領域を指定する形式であった。これが、第五章第二節で後述するが、「普遍学」という包括的な考え方にまで深められることになる。それはまた第六章第一節で解明するが、「生活世界」という直観的な所与の世界として後期フッサールの主題として成熟することにもなるのである。

本章で考察された「認識批判」は「認識はいかにして可能であるか」という問いであり、それは「多様体論」と無関係ではない。フッサールにおける認識という対象の構成を解明する方法は「多様体」を通じた「事例の直観」を基礎とするものである。絶対的な自己所与性をもたらす直観が、類型として「普遍」を獲得するからである（II 8）。これは、第一章第二節（d.）で明らかにしたように、不可疑的な意識として経験される「合理性」と呼ばれる。また、思考を「規整」する法則は「知識領域」を包括する「基づけ」の連鎖に結びつくのである。「全ての論証はおのずと明証的であり、しかもそれで全く廃棄されえないと考えられるべき諸法則において普遍的に成立する、この諸法則は次のようなものである、即ち、個別的な規定的論証は次のような法則によって秩序づけられており、そのとき、その妥当の原理として根拠づけられるのは、単にこの論証についてだけでなく、可能な諸論証の無限の多様体について根拠づけられているような法則によって秩序づけられている」（XXIV 18）。論理学的な論証は「多様体」を通じて一つの関連として結合され、「認識の形式」を獲得すると理解される[13]。

このようにして理解するとき、『論理学研究』の立場には『イデーン』の「超越論的主観性」の「方法論」が「萌芽」として潜在していたことが推測される。フッサールの最晩年の弟子、フィンクは新カント派から寄せられる諸批判に弁明して、『論理学研究』の立場から『イデーン』へと続く現象学的な展開の一貫性を根気強く主張している。「ところで、批判主義の攻撃は主として『イデーン』の現象学にたいしてなされたのであるが、それにもかかわらず批判主義の論争の的となっている根本概念は『論理学研究』の評価に基づいて形成されたのであるから、批判を却けるためにはまず、『論理学研究』を擁護することから始めなければならないと思われるかもしれない。しかし、われわれはここで解釈の原則的な困難点に直面するのである。『論理学研究』の真の徹底した完全な理解はほかならぬ現象学的超越論的哲学の根本意味への洞察を前提するからである。既に述べたように、『イデーン』からのみ、『論理学研究』の生き生きした志向が、つまり哲学的目標方向が捉えられうるのである。そして、『論理学研究』がそれへの途上にある哲学的理論を明示できる解釈だけが、『論理学研究』をその決定的な意味において真に透明化することができるのであるから、批判主義の批判は『論理学研究』の問題の端緒を『イデーン』からのみ可能になる理解において捉えないばかりでなく、『イデーン』を方法論的に、その本来の意味において解釈されていない『論理学研究』に依存せしめているのである(14)。ここで、フィンクが擁護する立場は、『論理学研究』における客観的な論理形式が主観的な認識の形式として考えられるという「ノエシス理論」を指している。認識の働きとしてのノエシスは、「基づけ」の連鎖によって一つの高次の作用を可能にする普遍的な形式と見なされる。それは、第一章で述べた例示的な直観から類型や本質を見出す本質直観を可能にする働きである。この「ノエシス理論」は、客観的な純粋論理学が主観的に捉えられるとき、対象を構成する「認識の理論」として理解されることになる。これはまた、次第に意識の普遍的な構成を指し示すものとなる。そこで、次の第四章では、「自然の存在論」によって基礎を与えられ、意識に適用される「多様体論」によるいわゆる「超越論的観念論」を解明したい。

第四章　超越論的観念論と確定的多様体論

本章で「多様体論」は、「現象学的還元」を通じて獲得される「純粋意識」の本質構造であるノエシス―ノエマをめぐって解明される。これまでの章では、「多様体論」は客観的あるいは主観的な意味統一に関してそれぞれ個別に考察されてきた。本章では第三章で触れた「現象学的還元」の方法を導く「認識批判」によって、対象の概念が「領域的」に拡張される際の現象学的な意義を究明したい。いわゆる「現象学的還元」は自然的に経験される存在という「超越」を無効とみなし、自然科学による認識の根拠づけを容認しない立場に到達する。(1) この方法的な態度によって獲得されたいわゆる「残余」が、全世界を構成する「純粋意識」と呼ばれるものになる（III 66）。

『イデーン』における「純粋意識」への還元の真の意味は、事実や事物としての実在が理念や本質としての非実在によって根拠づけられるということである。このようにして捉えられる意識において「類型」として与えられる対象本質に関して「総合的ア・プリオリ」を示す「領域存在論」は、『論理学研究』での基づけられた「範疇的直観」のあらたな展開として解釈される。『論理学研究』では形式存在が主題とされ、『内的時間意識の現象学』では意識流が主題とされたが、『イデーン』では対象一般という客観からたんに主観的な転回が行われたというのではない。第三章で述べたように、『理念』では認識理論によって「どのようにしてわれわれにとって対象が捉えられるのか」という認識にたいする反省が促された。この反省的な態度を保持して、『イデーン』では客観から主観への転回ではなく、寧ろ、主客の「相関関係」があらためて主題とされることになったのである。『イデーン』で用いられる「総合（Synthesis）」という言葉は、『論理学研究』においては多くの作用や表象によって基づけられた「高次の作用」を意味している。テキストは、フッサールが「超越論的-現象学的観念論（transzendental-phänomenologischer Idealismus）」を提唱した主著『イデーン』第I巻（『純粋現象学と現象学的哲学のための諸構想』全集版Ⅲ巻）（一九一三）を用いる。

第一節　質料的なア・プリオリとしての超越論的観念

フッサールは『イデーン』では自然科学と精神科学の哲学的な基礎づけを試みている。諸学問では自明な自然的な態度における一面的な視線の向け方を転向するため、フッサールは「現象学的還元」という方法的な懐疑によって「純粋意識」への還帰を促している。それは、「素朴に経験の中で生きることをやめ」、「超越」としての自然をいったん括弧に括ることである（III 107）。こうして獲得される「純粋意識」という内在的な本質は、フッサールによって「非実在的な現象」と呼ばれる（III 6）。これは心理学が扱う実在的な意識とは異なった現象概念になる。フッサールは事実と本質との区別にしたがい、実在と非実在とを峻別し、理念という本質を非実在的なものとして捉えている。これまで述べてきた形式存在は、実在と非実在とを合わせた思考されうる対象一般として考察される。

「超越論的観念論」を提起するフッサールの意図では、「現象学的還元」によって獲得される「純粋意識」という体験領野は、非実在なるものとして「純化」されている（III 6）。現象学の本来的な対象は、非実在としての内在的な本質なのである。この観点は先に第三章第三節（c.）で示した「絶対的なこれ」という「現象学的知覚」によって成り立つ「主客の相関構造」を明らかにする。自然的な事物や事実は自立性を欠如した第二のものとして捉えられる。それに反して、本質は絶対的な意識とされる第一のものであり、「現象学的還元」によってえられる自立的な「領域」をなしている。『イデーン』において述べられる「超越論的観念論」では、内在的な本質がどのようにして実在に組み入れられるのかを「純粋意識」の構造に則して明らかにする（III 7）。

これはまた、先に第二章で解明したように、「意識流」を通じて構成される「時間客観」としての事物を現実性の観点からあらためて考察することになる。第二節で後述するが、意識流としての「現出系列の経過を規定する内的な枠組」を決定する対象本質の「領域（Region）」が本章ではあらためて主題とされる（III 348–352）。その法則が体験に見出される「質料的なア・プリオリ」を示すことになる。これは第一章第三節で述べたように、基づけられる側の内容が基づける側の内容に法則的に依存することである。このフッサールの捉えた意味本質の法則は、『イデーン』においてノエシス―ノエマの相関構造としてより深まったものである。「現象学的還元」の意図は純化された意識を考察して、「純粋意識」の構造を解明することである（III 6）。事物の実在性に立脚する自然科学をはじめとして「物理的自然一般」は、全て意識の本質的な相関関係を通じて探究される（III 23）。それは、フッサールが事物経験には「洞察されうる本質」が対応すると考えているためである。この内在的な明証性を備えている体験は、「究極的に基礎づける作用」となる(2)。

フッサールは『イデーン』で自然科学をはじめとして内容を備えている学問を認識の普遍的な形式によって根拠づけながら、同時に全ての学問を形相的に捉えようとしており、内容としての形相を包括する「領域存在論」によって解明しようとしているのである。

こうしたフッサールの企図は『イデーン』で予告された続巻（第Ⅱ巻と第Ⅲ巻）として遺稿のかたちで残

されている（III 7）。それらの草稿類は歴代の助手たちが統一的な書物としての体裁を取るべく整理したが、そこでは主に自然、心、精神という「領域」の「階層構造」が論じられている。(3) この主要な三領域は「超越論的主観性」によって構成されたものであるが、自然による心の基づけ、心による精神の基づけ、さらに精神の自然への包括的な関与が明らかにされている。フッサールは自然科学と精神科学の「哲学的な基礎づけ」を包括的に考えていたのである（III 7）。「超越論的観念論」は認識の内容を包括する「領域存在論」を介して「超越論的主観性」による世界の構成を解明するのである。これまでの章で述べてきたように、形式存在論の段階では、対象一般の法則が「思考の法則」に相関するものとして示されたが、本章では「質料的ア・プリオリ」という法則が本来的な認識の対象を豊かに解明するため提起される。形式存在論によって扱われる対象一般の中で特殊な「領域」が実在と呼ばれる。また、非実在は本質や理念として考察されるべき思考対象として理解される。

「純粋意識（ノエシス-ノエマ）」は構成する働き（ノエシス）を内に含むものであり、構成された物理的自然（事物）や有心的自然、精神とは異なった意味で「領域」と呼ばれる。『イデーン』では学問的認識の基礎づけが主題とされるが、ノエシスは学問的な認識作用であり、ノエマは学問的対象として探究されるものなのである。フッサールの認識理論は相関関係が強調されている。この関係は、第六章で述べるが、後には世界意識と世界の学問以前の関わりへと議論が展開することになる。フッサールによると領域的に与えられる本質は、形式的な分析や演繹によって定められるのではなく、特定の類によって基づけられる総合的な本質とされている（III 37）。

フッサール自身は「ア・プリオリ」という言葉が「経験に先立つ」という意味で「形式的-分析的」に理解されるのを嫌っており、寧ろ、経験直観による「基づけ」を表わそうとしている（III 8）。それゆえ「質料的ア・プリオリ」という言い方が可能になる。フッサールは『イデーン』で提起した「超越論的観念論」

によって自然科学の立脚している事物経験を認めながら、その現象学的な位置づけを企図している（III 10–11）。フッサールによると「現象学的還元」によって導入される「純粋意識」における内在的な本質は、「領域」として捉えられるものであり、即ち、事物、空間形態、運動、人間、感覚、心がその記述の対象となる（III 128）。物理的自然をなす事物を領域的に考察した『イデーン』では、領域的に捉えられる諸対象には、それに相応しい「質料的なア・プリオリ」が伴っている（III 37）。フッサールによると特定の「領域」が、それに相応しい法則を「総合的な真理」として規定するといわれる（III 37）。「質料的なア・プリオリ」という考え方は、本質に備わる法則として理解される。これは、『論理学研究』では「基づけ」の法則と呼ばれていたものだが、『イデーン』では「超越論的主観性」によって構成された「領域」における総合的な法則にまで拡張されている。

かくして、フッサールにおける「領域存在論」は、主観的な構成を主張している「超越論的観念論」と密接な連関を有していると理解される。それは意味を付与する志向性という「純粋意識」の本質構造による連関である。個々の学問の対象である「実質的な存在論（事象内容を備えている存在の体系）」としての「領域存在論」は、思考の形式を示す「ノエシス理論（Noetik）」にまで遡り理解されることになる。第三章で述べたように、「ノエシス理論」によって明らかになる認識の可能性は、質料的な自然のもとで領域的な対象を規定するさい、ノエシス－ノエマの相関関係をになう統一形式を提供する。

「多様体」の形式法則はここに「超越論的観念論」としての意識の構成にさいし主観的な原理となる。『イデーン』では秩序づけられた経験連関としての「多様体論」は、本来の質料的な内容を定めることができるものとなる（III 100–101）。意識流の連続が「質料的ア・プリオリの総合」を通じて対象を規定するさい枠をはめる「図式」として「所与の下図」を提供する。(4)「下図」は志向が次第に充実されるさいの順序だてられた規則を示している。このようにして、フッサールは主観的な構成を説く『イデーン』では、意味の客観性を確立した『論理学研究』の成果を否定しているのではなく、「現象学的還元」によって導かれる「超越論的観念論」を通じて、「領域存在論」の企図によって「認識の理論」を完成しようとしている。

第二節　領域存在論

自然の構成を主題とする「超越論的観念論」では、自然的な対象は「現象学的還元」を通じて括弧を付された「純粋意識」における内在として理解される。では、どうやって具体的な事物が現実性を伴いながら、「内在的な超越」として構成されるのだろうか。『イデーン』では、自然をなりたたせる事物は、いかにして「純粋意識」の中で「領域」として構成されるのだろうか。『イデーン』では「領域」は次のように定義されている。「領域とはある具体物に帰属する最上位の類の全体的統一に他ならない」(III 36) と。『論理学研究』では「本質」と呼ばれていた理念的な存在が『イデーン』では世界を包括する「全体」と見なされる。また、「純粋意識」という言葉は、『イデーン』以降は次第に用いられなくなり、「超越論的主観性」にとって代わられることになる (V 139)。当初、用いられた「純粋」という言葉には「現象学的還元」によって自然的な実在としての経験を非実在的な「本質」として見るために「純化」するという現象学的な意図が籠められていた。

a. 図式

フッサールは実在をささえる根源の探究には、事物経験に遡る必要があることを明確に述べている (III 80)。事物という経験の対象は具体的な質料をもち「類」を通じて規定される。具体的な経験対象はフッサールによると最上位の質料的類に組み入れられる。この類は本質のグループをなしている。そこで、いわば

「本質群」を形相として扱う学問をフッサールは「領域存在論（regionale Ontologie）」と呼んでいる（III 23）。質料的な内容をその本質に有している「領域」は、「総合的な原理」を備えているが、それはフッサールによると純粋論理学の基礎によって成立すると考えられる。形式存在と領域存在との間には、「図式」と呼ばれる本質を規定するさいの「統一枠」が、具体者が当てはめられる形式として見出される。「われわれの全考察は、純粋に論理的な考察であった。その考察はいかなる質料的領野において動いたのではなかった。あるいはわれわれが同じように言い換えるとき、それはいかなる規定された領域において動いたのではなかった。その考察は、一般的に諸領域と範疇について語ったのであり、そしてこのような一般性は、相次いで構築された諸定義の意味にしたがって、純粋に論理的な一般性であった。それはちょうど純粋論理学の地盤の上に、図式を描くことであった。この図式は純粋論理学に由来している全ての可能な認識の、即ち、それにしたがって個物がア・プリオリな総合的原理のもとで、諸概念と諸法則の面から規定されうるものでなければならないような、認識対象の根本構成の一部として描かれたのである。あるいは、その図式にしたがうとき、全ての経験的諸学は、それらに帰属している領域存在論の上に基礎づけられなければならず、たんに全ての学に共通な純粋論理学の上に基礎づけられるのではない」（III 38）。ここでフッサールが考えている「図式」は意識の体系（例えば、射影）と見なされ、「現出系列」の多様を通じて統一される。それはまた、「認識対象の可能性」という「枠組」をなす。「射影（Abschattung）」は第三節で後述するが空間的に与えられる事物の構成にとって最重要な概念となる。これまで考察してきた形式存在論は対象一般を扱う学問であったが、認識に関与する対象は、実際には豊かな内容を備えているものであり、それは領域内の認識対象として、即ち、「領域存在論」においてあらためて本来的に理解されることになるからである。

フッサールでは意識の働きと対象との結びつきの中でしか、「超越論的観念論」は成り立つことはない。さらに、「領域存在論」は、認識の形式と認識の対象との繋がりによって成り立つ学問になる。それは「超越論的観念論」の観点では、世界は意識の自己構成の中で「超越」として構成されるからである。本質によって定められる「領域」を規定する「図式」によって示された「総合的な原理」は、第一節で先に示した「質料的なア・プリオリ」と呼ばれる法則である。これは『論理学研究』では直観による本質の「基づけ」という考え方の展開であるが、志向が充実の諸段階を指定するものとして理解される。

b. ラントグレーべの批判

ラントグレーベはフッサールの「自然一般」の理解に基づく「領域存在論」の可能性を危惧している。[5] それは「精神」にとって思考される対象が自己所与となるさい、学問的な対象となる以前の「純粋意識」にまで遡る必要が認められるためである。[6] 質料的な総合によって学問の対象となる「領域」は、「精神」としての意識の構成によって可能とされる。[7] 科学の対象としての事物の「自体存在」と直観される事物の存在とは、二種類の自然のもとに分裂することになる。なぜならば、自然は「精神」の基礎に位置しながら「精神」にとって相対的なものとされているからである。フッサールは自然的事物の存在を否定していない。事物は自己同一なるものとして主観的意識の経過を通じて捉えられるが、この事物という対象は「別の主観」によっても捉えられ、事物経験はもう一つの自然経過に分裂する。[8] では、「領域存在論」によって包括される志向相関は、別の認識主観への移行に際し、どのようにして統一されうるのだろうか。[9]

フッサールの示す解決策では、事物的な自然が「精神世界」の主導に予め支配されるといういわば形而上学において示されるものである。それによると、「精神」は絶対的な意識連関であり、「精神」を取り除くと世界からは自然が消失するとされる。フッサールが自然を「精神」による「形成」と見なすとき、意識は予め「精神」によって「絶対化」されており、これは「意識の純粋記述」という原則に背くものとはなりえないだろうか。[10] 高次の領域を支える実在の総体としての自然と「精神の形成」としての自然とははたして全く同義的であると見なしても良いのだろうか。

ラントグレーベの批判は、フッサールが企図している自然を包括する存在論の陰で、なお「精神の優位」を説く形而上学をフッサールが信奉していたということに集約されるだろう。なるほど、フッサールの自然概念は「精神」の基盤であったり、「精神」にとって相対的存在であったりして、確かに「揺らぎ」を払拭できない。だがしかし、事物、心、精神は全て意識によって構成されたものとして「領域」を成している。この「三肢関係」は構成する働きとしての「超越論的主観性」と常に志向相関にあり、「領域存在論」そのもののなりたちには、分裂や混乱は生じてこないと解釈すべきだろう。「超越論的観念論」における「観念」とはノエマを指しており、括弧を付けられた意識対象なのである。さらにフッサールは経験的な実在を寸毫も否定していないことに留意していなければならない。

つまりラントグレーベのフッサール批判では、相対的な領域としての「精神」と絶対的な意識としての「精神」とがしばしば、同じ意味で使われており、構成されたものと構成するものとが明確に区別されにくくなっており、これが解釈上の混乱を招く原因になっている。

c．インガルデンの批判

インガルデンは「超越論的観念論」を「実在論」の立場から批判している。それはフッサールの「現象学的還元」の方法にまで及んでいる。フッサールは対象の構成を「内在の超越」と呼び、それを「超越論的主観性」に帰着させている。では、意識流が「どこに」位置づけられるべきなのか、曖昧な点も見逃すことはできない。インガルデンは意識流が身体に内属しながら超越論的な機能を行うことを疑問視している。これは意識と実在の間の結びつきが如何にして成立しうるのかという原理的な問いになる。(11) フッサールは身体と事物とを「分節」するさい、意識の内在的絶対性を実在の世界の自然的な位置づけとしては認めないため、因果的には繋がりをもつが、平行した二つの本質への「分裂」となる。これは「物心二元論」のデカルト主義の再来ではないかとインガルデンは危惧するのである。(12)

だが、「超越論的主観性」は、カントやヘーゲルが「普遍」として理解していたのにたいして、フッサールによると「具体者」であり、「個別者」である。インガルデンは「超越論的主観性」が具体的自我であるということを認めない。しかし、意識流に見出される本質は、世界への結びつきを失うことはないはずである。意識流が身体に「因果的」に依存する心理的な状態を備えていながら、世界という経験の地盤から完全に締め出されるとしたら、それは不可能な立論になってしまう。(13) フッサールによると還元を遂行する「哲学的な主体」といえども還元の「残余（Residuum）」を備えており、これは心理学的な身分をわけもつ経験に充当する。(14) フッサールが提起する形式存在論は、二つの自然における本質を包括するような普遍的な存在論の身分を主張できるのであろうか、とインガルデンはフッサールが原理的に区分した「超越と内在」が遭遇するパラドックスを指摘している。(15)

「超越論的観念論」は、認識を根拠づけるため、内在的な「明証性」から世界構成を解明しようとするが、それはだからといって経験的な実在を抹殺したり、否定するいわゆる「実質的観念論」ではない。フッサールの観点は、真理を獲得するための方法的な懐疑であって、「現象学的還元」によって明らかとなる意識の構成は、普遍的に理解される認識の形式をもつ「普遍的観念論（universaler Idealismus）」と呼ばれる（V 152）。インガルデンの批判はフッサールの「超越論的主観」が具体自我であり、意識に隠されているという真意を全く理解していないことに起因している。インガルデンが「純粋意識」の次元を理解できなかったため「構成がどこで行われるのか」という疑問を抱いたことは、ハイデッガーにおいても「超越論的主観性」を認めながら、それが世界に実存していることは問題視したことに繋がる。フッサール自身も後年『危機書』（一九三六）では世界における「私」がその世界を構成するというパラドックスを解決すべき問題と認めている。

第三節　自然の領域

フッサールにおいて、体験は「領域の事例」として捉えられている（III 87）。では、「領域」の代表として「自然の領域」を考察してみよう。事物は対象一般としては第二章で「時間客観」として解明されたが、本章では「領域」としてあらためて、「超越論的観念論」のもとに考察される。意識を超えた存在として事物が認識されるのは、体験様式の本質によってである。それは第二節（a.）で引用した「図式」を提供するような、「理念的」に理解される「多様体の体系」によって明らかになる（III 89）。これは体験の多様にとって一定の規則を与える法則的に理解されるべき空間と考えられる（III 346）。この体験の側の「図式」は、相関的な所与の側での「下図」とも呼ばれている。体験の普遍的な形式によって、フッサールは「妥当」するものとして世界の意味を付与する主観の働きに到達するのであって、そこで実在に関する「明証性」を獲得する。生き生きとした知覚としての事物経験は妄想や想像ではなく、本当に存在しかつ「妥当」するという「現実性（Wirklichkeit）」を有している（III 337）。事物が事物以外のものから区別されうるのは、この「現実性」によってである。

フッサールは事物が「手の届く向こうに存在する」としているが、それは感覚によって持続的に確かめられる「現実的な実在」として捉えられるからである（III 90）。「空間的存在は、ただ、ある特定の方向定位においてのみ現出しうる。この方向定位とともに、常に新しい諸方向規定にたいする体系的な諸可能性が必然的に予示されている。これらの常に新しい諸方向定位のどれにも再びある特定の現出様式が対応する。この現出様式をわれわれは例えば、かくかくの側面からの所与性等々と表現する。もしわれわれが現出様式の話を、体験様式の意味に解するならば、この話は、相関的な存在意味を持つのである。そうするとこのことは次のことを意味する。独自の仕方で構築された体験様式の本質には、もっと詳しくみると独自の仕方で構築された具体的な諸知覚の本質には、それらの知覚において志向されるものが空間事物として意識されるということが帰属する。即ち、これらの知覚の本質には規定的に秩序づけられた連続的な知覚多様体へと（in bestimmt geordnete kontinuierliche Wahrnehmungsmannigfaltigkeit）移行するような理念的な可能性が帰属している。そしてこの知覚多様体は繰り返し継続しうるものであり、したがって決して閉じてはいない。その場合、この多様体の本質構造の内には、調和的に与える意識の統一を造るという働きがある」（III 88-89）。このようにして、「知覚の多様体」は連続的な同一化を遂行する志向体験における構造を表わすが、意識の構成は対象の「同一性」を通じ合致するという内在的に理解される「目的論」を備えている（III 336）。志向性は現実的に事物が知覚によって「妥当」するものとして与えられることを目指しているからである。空間的に与えられる事物を構成する「知覚の多様体」は、具体的知覚に内在する論理的性格によって「存在意味」を付与する。このとき、フッサールの捉えている「多様体」は論理的な性格と実在に相応しい意味を総合する調和的な性格によって二重に理解される。それは意味の「同一性」が対象の「同一性」と重なり合うことである。「純粋意識」においてノエシスは意味付与する働きであるが、それは理念的な意味の「同一性」に向かっており、他方、ノエマは対象の「同一性」によって統一している。フッサールによると対象の「同一性」も事物の現出という理念的な系列を通じて統一される。これはまた、第二章第三節で述べた「連続体」を通じて現出が調和的に「下図」を描かれることである（III 330）。

さらに、「超越論的観念論」では、遮断されるべき自然的な世界は、仮象として退けられるのではなく、「純粋意識」の構成要素であるノエマという「世界意味（Weltsinn）」として包括される。次節で述べるが、具体的な知覚の統一はノエシス-ノエマによって互いに支えられる相関法則によって支配される。「知覚の多様体」には、事物性質を呈示するノエマの体系が獲得され、これが当該の事物のノエシス的な志向に帰属している（III 345）。事物は連続的に変化する「現出様式」を通じて捉えられ、色彩や形態を呈示する事物の性質は射影する「連続的多様体」において現出する。このようにして、フッサールでは世界の意味が存在するものとして主観にとって「妥当」するということが、連続的な経験において与えられる。

意識は絶対的存在の連関としてそれ自身で独立した「領域」と見なされるが、事物経験には「現実性」が不可欠なものとなっている（III 92-93）。事物は第一章で述べたように、『論理学研究』では事物一般や対象一般という形式存在として捉えられる限り、「志向の充実」によって考察されたが、第二章の『内的時間意識の現象学』においては、「時間客観」として「意識流」を通じて理解された。『イデーン』では経験を介し、現実性を備えた具体者として理解されている。事物は内在における「超越」ではあるが、事物経験はその実在を明らかに示すことができるとされる（III 84-85）。「事物は志向的統一であって、相互に融合する知覚の多様体が連続的に規整されつつ流動し去る中で同一のものとして統一的に意識されるものである」（III 85）。同一の形態が「生き生きとした有り様」で与えられるのは、連続的な「射影」を通じてであり、第二節で触れたように、この変化には法則的に理解される必然性が伴っていなければならない。「同一の事物に関する全側面の連続的統一的に自らにおいて確証されてゆく経験意識には、本質必然性において連続的な現出多様体と射影多様体からなる重層的体系が帰属している。この多様体の内では生き生きとして自己所与性の性格を伴う知覚に所属する対象的契機は全て規定的な連続性へと射影する」（III 84-85）。かくして、具体的な事物経験において「射影」によって空間的に与えられる事物が、たとえ否定されたり抹殺される場合でも「射影」する感覚内容という体験自身は、内在的な所与として絶対的なものと見なされることになる。フッサールにおいて「射影」は「空間における現出系列」として事物経験の特性を最も良く表わしている（III 350）。

フッサールは現出が「神にとっても例外なく」連続的に確証されてゆくとしている（III 351）。事物経験のこのような調和性は決して破壊されることはないと言われる（III 353）。

このようにして、「理性」中心に解釈されるフッサールの事物概念の獲得は、感覚から直接、導きだされることはなく、もっぱら自立した第一の「領域」としての「純粋意識」に依存している。これはしかし、「自然の領域」として事物の直接性や感覚性を十分に規定しつくしているとは言えないだろう。寧ろ、「射影多様体」という経験意識によって事物の空間性を理解するとき、従来の形式的な「多様体論」が、今度は実在を調和的に取り込む形式として本来的に内容を獲得することになったと言えるであろう（III 349–350）。このようにして、内在的な現象に適用される「多様体論」は、「超越論的観念論」にとって事物の規定可能性を提供する形式として不可欠な考え方になるのである。(16)

第四節　ノエシス－ノエマによる超越論的観念論

『イデーン』（一九一三）では『論理学研究』（一九〇〇／〇一）における志向性の考え方がより深化しているといえる（III 189–191）。フッサールは後年になって、『危機書』（一九三六）第四八節の（注）で次のように述べている。「経験対象と所与性の様式との普遍的な相関的ア・プリオリの最初の突然の出現（私の『論理学研究』の推敲の間、おそらく一八九八年頃）が非常に深く私の心を打ったので、それ以来、私の全生涯の労作は、この相関的ア・プリオリを体系的にまとめあげるという課題によって支配された。本文を熟慮する歩みは、次のことを明らかにするだろう。人間の主観性を相関性の問題圏へと関わらせることは、このような問題圏全体のある根本的な意味変容を強要しなければならなかった。そして、結局、絶対的な超越論的主観性への現象学的還元にたち至らなければならなかった」(VI 169–170)。『イデーン』では、この志向的相関を認識の根拠づけのために明示することが企てられている。即ち、科学が素朴に前提している自然的な態度を停止する「現象学的エポケー(phänomenologische ἐποχή)」の遂行によって「学問論」が企図される(III 65–66)。自然的な態度では自明であり続ける世界は、括弧を付けられ、意識対象として内在化されることになる。普遍的なエポケー(判断停止)によって獲得されるのがフッサールでは「純粋意識」という特権的な領域なのである。これは主客未分の領域であり、西田幾太郎(一八七〇—一九四五)やジェームズ(一八四二—一九一〇)の捉えた「意識の流れ」である「純粋経験(pure experience)」に近い考え方でもある。意識から独立した世界をいわば無化する「超越論的観念論」は、この「純粋意識」において構成される意味妥当を主題としている。『論理学研究』では形式的な法則から出発した「多様体論」は、『イデーン』にいたって「確定」という考え方を基礎にして、本来の「多様体」としての実質を取り込むものへ深められている。「超越論的観念論」にいたってはじめて「多様体」は形式的な統一からより豊かな内容や内実を備えたものとなる。第三節で引用した「知覚多様体」は、「自然の領域」である事物を「内在の超越」として現実的に構成するさいの「経験連関」をなしていた。

フッサールでは「純粋意識」の本質構造はノエシス–ノエマの体系として示される(III 295–296)。その第一のメリットは、主観と客観とがまず区別され、その後から両者がどのようにして結びつくのか、という従来の思考法の限界を脱却することができることであろう。ノエシス–ノエマは、一体をなして相関しており主客未分の「純粋意識」の構造をなしている(III 296)。一体をなした志向統一の中で互いに支えあう二つの契機がノエシスとノエマと呼ばれる。ノエシスは体験の側にあり、ノエマは対象の側にある(III 296)。知覚の多様が対象の「同一性」に向かって調和的に「合致」するさい、「素材を生化する」といわれるノエシスは、認識の形式として理解される(III 196)。ここには二重の意味がこめられる。対象一般の論理的な無矛盾が、「多様体」の呈示体系に含まれており、第三節で述べた疑似-空間的な「射影多様体」の備えている統一に収斂する。ノエマの内容が次第に豊かに規定されてゆく意識の体系はノエシスの連続が統一するものと考えられ、これは未規定性が充実化される直観の進行と呼ばれる（III 346-347）。そのさいの規則が第二節（a.）や第三節で述べてきた「図式」という規則を有している「射影空間」なのである。

認識において連続的に合致する対象は、変更を被るときも部分的な矛盾が除去されて修正される。これはノエシスの連続が、一つの連関に収斂しながら「流れる」ことである（III 84）。第三節で述べたように、ノエマは「現象学的還元」によって括弧をつけられた意識対象としての「世界意味」なのである。「例えば、現出する色彩は、ノエシス的多様体にたいする統一であり、特にそのようなノエシス的統握の性格を備えていることが確かである。だがより詳しく研究してみると、この統握の性格の変転全てにはたとえそこに相変わらず現出する色彩自身においてではないにせよ、統握性格の交代する所与性の様式において、例えば統握性格の現出するわたしへの諸定位においてノエマ的平行が対応するということが示される。そういうわけでやはり、およそノエマ的性格づけにはノエシス的性格づけが反映する」（III 232）。このように理解するとき、ノエマ的に把握される「性質」は、志向的な変様として考えられる。ノエシスは現出している対象ではなく、内在的体験として意識された契機の多様な措定である。

このとき、ノエマとノエシスの相関関係は「事物の秩序と観念の秩序」に類比した「意識の秩序」として理解される。意識の規定性には、それに即応した事物の側での「未規定の規定性」という接近可能性が伴っているが、それは広く包括的な事物経験の地平をなすものである。「個人ごとに分離された意識の流れの与える秩序には事実性があり、しかもその事実性に内在する目的論は、正しくこの秩序の根拠に関する問いのきっかけをなしていた」（III 109）。ここでフッサールによって、意識の志向性に見出される「目的論」が示唆される。直観は一つの脈絡をもった経験として志向を充実するものであるが、直観の対象である事物は地平として意識されている世界にもまた帰属している。これは「未規定の規定性」と呼ばれる「知覚地平」をなしており、その修正可能性を「多様に含む」ような非本来的な知覚と見なされるものである。非本来的知覚は知覚の調和性を完成する「地平志向性」である。「意識の縁暈」とも呼ばれる地平は、次のように説明される。「未規定性は、実際、必然的に確固として前もって予示された様式の規定可能性（Bestimmbarkeit）を意味する。未規定性は予め可能的知覚多様体（mögliche Wahrnehmungsmannigfaltigkeiten）を指し示しているが、この多様体は連続的に相互に移行しており、知覚の統一へと結び合わさる。この統一において連続的に持続する事物が常に新しい射影系列の中で、繰り返し新しい（あるいは、元に戻れば、古い）側面を示す」（III 91）。意識の流れは多様に流れるだけでなく、未規定に流れ、それが規定可能な多様を内に含む体系をなしている。この統一形式が内容豊かなア・プリオリな法則と呼ばれることになる。フッサールでは「意識の秩序」として理解される「超越論的主観性」は、多様に連続的に融合する「具体的な統一」であることが強調される。それはまた、他方で経験される「ここと今（hic et nunc）」が、顕在的な知覚野にとって不可欠な契機をなすからである[17]。

「多様体」は「数学的多様体」としては「現象学的還元」によって括弧に入れられる「理論化の産物」であるが、それが「意識流」に適用されるとき、第三節で明らかにしたように、顕在的な経験連関の必然性を示すものとして考えられる。それは第三章で解明したように、『理念』（一九〇七）によって提起された認識批判的な機能である「ノエシス理論」の主観的な側面として理解されるからである。本節の冒頭に引用したように、『論理学研究』を推敲していた頃、フッサールを悩ませた難問は、いかにして「主観的な多様」が「イデア的な統一」を獲得するのかというパラドックスであった。学問一般の客観性と心理学的な「基づけ」との統合が次第にフッサールを「認識批判」へと導いたのである（III 303）。

第五節　『イデーン』における確定的多様体論

以上、見てきたように、第一節では、「超越論的観念論」が「現象学的還元」によって成立したが、そこには「自然・心・精神」という領域の階層構造が示された。第二節では、「領域存在論」が事実の質料的な枠組として捉えられた。事物経験には「領域存在論」による質料的な側面と対象一般の条件としての「ノエシス理論」が共になりたっていた。直観の進行の規則を定める法則的な空間として理解される意識の体系は「図式」と呼ばれた。第三節では、「超越論的観念論」において「遮断」されるべき自然的な世界は、仮象として退けられるのではなく、「世界意味」によって包括された。自然的な事物は「射影」という「連続的多様体」において現出した。意識の構成は対象の「同一性」へと合致するという「目的論」を備えていた。第四節では、主客未分のノエマとノエシスの関係は、「事物の秩序と観念の秩序」に類比した「意識の秩序」として理解された。これは「多様体論」を通じて具体的な統一をなしていた。未規定性として「意識の縁暈」と呼ばれる地平は、可能な「知覚多様体」を指し示し、これは連続的に合致した。

フッサールが『イデーン』において「確定的多様体論」を現象学に導入する理由は、現象学が質料に基づけられた「形相」を「普遍」として位置づけているからである（III 150–151）。「多を手放さない一」という意識は、本来の実質的な内容を取り込むことになる。「確定的多様体論」には対象の本質関係を演繹的に導出するという特質が備わっている（III 152）。

「確定性」という概念は十九世紀末にユークリッドの幾何学体系を一新したヒルベルトの「公理主義」から借用されたものである（III 151–153）。それは、幾何学では「形相」の記述は理念的に可能な形態の本質関係として演繹的に導出されることである。導出が可能になるのは立体、平面、点、角等の「諸理念」が幾何学形態によってイデア的に「定義」されるからである（III 151）。「確定的多様体は次のように性格づけられる。即ち、有限な数として性格づけられ、場合によってはその都度の領域から、全ての可能な形態化の全体を取り出す諸概念や諸命題が純粋に分析的な必然性の様式において完全に、かつ一義的に（vollständig und eindeutig）規定され、そのときその領域には原理的にはもはやなにものも未確定のままで留まってはいないということである」（III 152）。フッサールがここで念頭に置いているのは「命題化された多様体」であり、それらは無矛盾の形式統一である。(18) 真理を言い表わす諸命題の体系が当該の「領域」に相応しい学問を成立させることになる。『イデーン』における「確定的多様体論」は第一節や第二節で述べたように、質料的な対象が帰属する「領域存在論」に形式的な統一をもたらす役割をになっている。『イデーン』での自然科学が立脚する事物の考察は、それ自体では破綻していたが、事物という領域の構成を導入することによって「確定的多様体論」が「超越論的観念論」にとって現実的な実在への射程を獲得することになったと言える。

なぜならば、「確定的多様体」は命題の宇宙を表わしており、事物という実在の総体にとって真理を一義的に定めることができるからである。フッサールは「現実的な世界は直観によって充実された命題によって代表象される」と指摘している（III 310）。事物は『論理学研究』では対象一般と呼ばれ、「志向と充実」の関係によって解明されたが、『イデーン』では命題の主語として論理的な機能を有している実在となる。命題が真理であることは、事物の「現実性」にも深く関与することになる。即ち、フッサールは対象一般と意味一般とは相互に繋がっていると理解して、意味に関する学問である「命題論的論理学（apophantische Logik）」は包括的な形式存在論に帰属していると指摘している（III 27）。フッサールは『イデーン』では対象を「現実的に真実に存在するもの」と限定しているが、それは「対象が理性を通じて自ら基礎づけることができる」という確信を表明しているのでもある（III 314）。これまで形式存在論は『論理学研究』を手引きにして対象そのものに関する理論を扱うものであったが、「命題論的な多様体」によってなりたつ対象に関する真理と命題の真理との深い関連でもあり、これについては第五章で解明する。

それに加えて、フッサールにおいて「具体的な形相」としての「多様体論」は、カント（一七二四―一八〇四）によるア・プリオリな公理としての「空間論」にまで遡ることが推察される。フッサールは『論理学研究』に先立ち、『算術の哲学』（一八九一）でアリストテレスの『自然学』（219b, 220a, 221b, 223a, 251b）を参照しながら、数と時間との繋がりに触れ、カントの「時間の直観形式が数概念の基礎である」という論点に着目している（XII 32）。数は『純粋理性批判』（一七八一）では「量の超越論的図式」と呼ばれ、「同質の或るもの」の継起的な付加が数表象の根源であるとされている。「数は同質の直観一般の多様なものの総合の統一体（Einheit der Synthesis des Mannigfaltigen）に他ならない」（XII 32）[19]。また、「数とは量の概念の心像を造るための構想力による普遍的な表象である」とされる（XII 33）。ここには集合的な総合の働きと空間直観が重ねられている。この多様における包括的な総合こそ空間直観の起源ではないかとフッサールは指摘している（XII 31）。フッサールがカントの「空間論」から出発したのは、経験科学を理性批判によって基礎づけようと呼びかけた「新カント派」の先駆けとなったランゲ（一八二八―七五）の『論理学研究』（一八七七）に触発されたからである[20]。当時、心理主義的傾向のあったランゲは、幾何学の規則と形式論理学とを結びつける心理学的基盤をカントの「構想力の補助」から獲得した[21]。フッサールは「図式」という感性と悟性とを繋ぐ媒介概念をカントの「構想力（想像力）」から借りてきた。初期フッサールでは、算術の基礎に考えられる「数の概念」は、単なる集合というより、数を数えるという想像力の時間的な系列によってダイナミックに捉えられた（XII 32）。後の『イデーン』においても多様なるものの総合に含まれる形式的な秩序は、幾何学を直観形式としての空間によって基礎づけようとした『純粋理性批判』の「空間論」から案出されたことが推定される（III 346）。ただし、カントは空間を経験的に与えられるものというよりも、個々の特殊な空間が含まれる現象形式と見なしていた。さらに、カントの見解は後の、空間を主観から独立なものとしながら、「直観形式」という考え方によって空間が視覚や触覚によって主観的にも捉えられうるという心理主義的な「空間表象」に引き継がれたと言えるだろう。

序論で述べたように、二十世紀初頭、数学界では数学の基礎づけに関して、十九世紀半ばにリーマンが「n-次元多様体」によって非ユークリッド幾何学の可能性を提起して以来、動揺をきたしていたア・プリオリな公理への再考が迫られていた。リーマンは「多様体」によって現実に多様に経験される所与の物理的空間を想定しており、そこには多様な認識が対応していたからである。この新しい空間概念は物理的空間であるが、それは所与が与えられるさいの法則によって定まる「多様な空間」なのであり、これはカントの「空間論」を一新したものになるが、カントが提起したような「認識の形式」を所与が与えられるさいに示される法則と見なすことによってそれまでの主客の齟齬を融和させることになる。

『論理学研究』（一九〇〇／〇一）の頃、数学界では公理の問題は「公理論的数学」の基礎部門として研究されていた。根本概念としての基本的な公理から形式的な無矛盾によって導出される概念が「一義的な確定」とされる。フッサールは直観の働きの基礎にある空間と形式的な推論に共通する「理念」としての「多様体論」を要請したのである。これは「現象学的還元」を通じた「認識批判」による学問の基礎づけの試みであり、当時の「公理論的数学」とあい通じた学問論的動機を有していたものと理解される。序論第三節で明らかにしたように、リーマン以降、公理は論理的な特質だけではなく、質料的な領域にも適用されることが可能になっていたからである（III 37）。

かくして、フッサールの「確定的多様体論」は、体験の本質を呈示する機能を備えることが理解される（III 152–153）。これは基本公理による演繹体系をもつ「多様体論」であり、無矛盾によって概念を「定義」

する働きを示している。意識流は内容豊かな「具体的多様体」と見なされ、そこにはイデア的な「機能」が内在している（III 196）。これは総合を行う「心的機能」とも呼ばれ、これまで述べてきたように、意識の志向性という「目的論」に則した「ノエシス理論」によって捉えられる。第三章で明らかにしたように、対象の「妥当」は「現実に存在する真理」になる。次章では形式存在論としての「普遍学」と「真理存在」を結びつける「理性」の超越論的な意義を解明したい。

第五章　論理学の超越論的基礎づけ

本章においては、第四章第五節で触れた「命題論的に拡張された多様体」を明らかにしたい。これは後期フッサールが企図した論理学にたいする「超越論的な基礎づけ」の解明になる。第三章で明らかにした認識批判によって「真理」を内在的な明証性によって理解する観点から「超越論的論理学（transzendentale Logik）」が「最終的な論理学（letzte Logik）」として登場する。まず最初に、第一章から第四章まで示されたフッサールの「多様体」と「多様体論」に関する諸考察を振り返って見よう。

第一章、『論理学研究』では「多様体」は、思考対象を包括する論理的な法則的秩序として理解された。フッサールが意識の本質構造と呼んだ「志向の充実」には、「基づけ」という形式同志の繋がりと内容を形式的に結びつける法則とが見出された。「基づけ」は形式と内容を繋ぐ理論を秩序づけるときは客観の統一に関わるが、主観と客観とを相関的に結びつける法則としてもまた理解された。つまり、フッサールは伝統的な「普遍」と「個別（個物）」の関係にも「基づけ」を適用したと言える。「事例」が「基づけ」の働きを有しているとき、「普遍（一）」は「事例（多）」によって基づけられた。ここで「洞察」される「普遍」は同時に、「多様を手放さない」という統一性を備えており、そこでは形式的な構造が「無矛盾の体系」をなしていた。即ち、フッサールでは「本質」を「洞察」によって獲得することは、論理的な形式法則による

「帰結」をえることでもあった。

第二章、『内的時間意識の現象学』ではフッサールは客観の「超越論的な条件」としての主観の統一を掘り下げ、それが内在的な所与の多様の統一に遡ることが示された。「多様体論」が認識の体験に適用され、認識の対象はフッサールが見出した「内的時間意識」という「内在的な流れ」を通じて基づけられ、「時間客観」と呼ばれた。この「意識流」は瞬間的な位相によって秩序づけられていた。それは、意識の今が「意識流」に依存するという「非独立性」の法則である「基づけ」によって「多様体」をなしていた。意識の今は「過去把持」という特殊な志向性に依存していた。「一」としての「内的時間意識」は「多」としての瞬間的な今の「意識流」によって基づけられたが、他方でそれぞれの今は「多」として流れるさい、「時間客観」を「一」として指し示していた。「基づけ」の原点である瞬間には、全ての今が「多様体」という「入れ子」によって含まれていた。

第三章、『現象学の理念』ではフッサールは主観的な認識形式である「ノエシス理論」によって内在的な統一体としての「多様体」を解明した。ノエシスは「これ」を措定する働きとして具体性を離れず、ノエマとして普遍的なイデアを基づける認識の形式として理解された。この「多様体」において認識の対象を構成して確証する理性の批判的な吟味が行われた。客観的な理論の主観的な構成がいかにして可能になるのかという「理性の問い」があらためて主題となった。認識する主観は「真理」を絶対的な自己所与として明証的に経験するとされた。

第四章、『イデーン』では「領域的存在論」が「質料的ア・プリオリ」の法則によって捉えられた。これは「領域的存在」を対象とする諸学問の根拠として捉えられる法則であった。それによって「領域」ごとに異なる学問が、共通の構造を有していることが判明した。同時にこれは、「普遍学」が成り立つ形式的な「思考法則」として理解された。「多様体」は質料的内容を取り込む形式的体系（普遍的な意味法則の体系）としてより深まった。「質料的ア・プリオリ」の法則は総合的な法則として理解される「基づけ」の法則のさらなる展開であった。

『イデーン』において「確定的多様体論」は、無矛盾によって真理を導出する形式体系であるが、フッサールによる「命題論的な多様体」への拡張によって、それはまた「主語」としての事物経験への「超越論的」な帰還という方法を通じて、認識対象の「確定」を可能にすることになった。フッサールが使用する「命題論」という言葉は、今日の通常の理解で捉えられるような「述語論理学」にたいする「命題論理学」を指すのでなく、寧ろ、ここでは「命題（Satz）」は「判断（Urteil）」とほぼ同義に解されており、さらに判断の相関的な存在をも指している。つまり、フッサールが意図する「命題論」という考え方では命題の内部構造に関する理論が捉えられている。『イデーン』では「現象学的還元」を通じて判断作用が括弧に括られた後、ノエマが命題として捉えられるからである。

『論理学研究』の立場ではフッサールは形式論理学的な「意味の同一性」のみを主題としており、所与性の観点における具体的なノエマをまだ捉えてはいなかった。ところが、このノエマという「命題論的な質料」を伴う具体性が、実在を包括する「普遍学」に結びつくことになった。それは、『イデーン』で試みられた「学問論」では、内容を取り込む「多様体論」が諸学問の共通構造として捉えられていたからなのである。

かくして、フッサールが企図した「超越論的論理学」は、世界への関与を有した実在の論理学として解釈される。本章では『論理学研究』以来、「理論の統一」として理解された「多様体論」が『理念』や『イデーン』以降、主客の相関構造として深化した「超越論的」な意義によって明らかにされる。テキストは後期フッサールを代表する著作『形式論理学と超越論的論理学』（一九二九）（全集版XVII巻）（本文中『論理学』と略記する）を用いる。

第一節　形式存在論と命題論

判断を通じて形成される命題は「或るもの」という対象一般を主語とするため、「命題論」は「形式存在論」と共通の構造を有していると考えられる。『論理学』ではフッサールは、このような意味形式によって対象と結びつく「命題論」を通じて「真理」を現象学的に理解している。フッサールは命題を意識のノエシスによって措定された「広い意味での存在」としている。ノエマとしての命題には肯定や非存在も含まれる。つまり、フッサールは「形式存在論」によって、「多様体論」と「命題論的な総合」との連関を「最広義の論理学」のもとに統合しようとしたのである。この論理学はまず意味の形式理論であるが、さらに認識という新しい観点を導入するとき、対象という存在と結びつき、「純粋論理学」からより深く拡張されることになる。そして意味された対象が「現実に妥当する」という「有意味」なものであるとき、「対象に関する命題」は「真理」として捉えられることになる。

ただし、「形式存在論」は、実在としての世界や事物を初めとして質料的な内容を備えているものによる「領域的存在論」から質料的な内容を捨象することによってえられる共通の統一形式を意味しているが、論理学は思考の法則として対象一般を捉えるさいの必然的な理論形式として理解される。フッサールではこの「形式存在論」と論理学とは分析形式という共通の構造を有している。論理学は理論として対象や内容に適用されることになる。命題は論理的法則を有しているが、それは「真理」を表現するための条件になっている。しばしば命題は判断と区別しないで用いられることもあるが、フッサールは基本的には判断を主観的作用（ノエシス）と見なし、それを客観的存在としての命題（ノエマ）から区別している（Vgl. XVII 131-132）。

しかし、フッサールは判断の形式（主語‐述語の結合）が命題の形式（主語‐述語の結合）と共通であり、それが対象一般の結合（基体‐属性）として捉えられるので、両者を「形式存在論（対象一般の結合）」によって包括しようとしたのである。

さらに、フッサールでは「形式存在論」に見出される「真理」は「妥当」する意味の条件や法則を示している。この客観的な法則は意味の「整合性」に基づいている。(1) 第二節で後述するが、「無矛盾（Widerspruchslosigkeit）」は形式的な反意味を避ける法則として捉えられる。フッサールは「形式存在論」によって具体的な「領域」を包括しようとしており、『論理学』では「形式存在論」は「可能な世界の形式」と言われる（XVII 278）。ただし、世界といってもフッサールが言わんとするのは「純粋経験の世界（die Welt reiner Erfahrung）」である（XVII 297）。「分析論として論理学は、その他何らかの具体的（記述的）学問の差異や抽象的（説明的）学問の差異のように予め諸学問によるいかなる差異をも有していないのであり、それ以外の場合でも、どのような差異をひとが提起しようとも、この論理学はいかなる差異も有してはいないだろう。自ずと明らかなことは分析論としての論理学はただ次のような認識に至ることである、つまり形式的に普遍的に思考された開かれた数多性あるいは特定の規定性を持つ諸対象の多様体が、形式的に思考可能であるということ、またこの分析論としての論理学が確定的数学的多様体であるということ、それと相関的に言えるのは、この多様体にたいして形式的な普遍性において共に妥当すると見なされた諸命題はひとつの構成的（演繹的）体系形式を有しているということである」（XVII 108）。ここで、フッサールが論理学として明らかにしている「多様体論」は、第四章で述べたように、内容によって満たされる「質料的ア・プリオリ」を包括しうる法則体系である。『イデーン』では「学問論」として「多様体論」が考察されたが、ここではそれが内容を取り込むさいの「論理学の深まり」として理解される（XVII 107）。これはまた、第五節で後述するが「超越論的主観性」による「世界の構成」というフッサール独自の観点によって捉えられる。

第一章で述べた意味の客観性を扱う「多様体論」が、諸学問にとって共通の理論を構成するという、より哲学的に深められた「普遍学」になる（Vgl. XVII 107–108）。

フッサールにおいて形式という術語は、内容を捨象した論理的な骨組みという意味で用いられる。これは、可能な形式が現実には質料的な内容を取り込み「構成」に転じうるという規定性になる。論理学は意味の形式理論であり、意味法則はこの意味の形式によって制約されるが、さらに対象的な「妥当」が目標とされる。『イデーン』で明らかにされた形式は、「領域」の質料的内容を「確定」するさいの規定性であり、「真理の体系」をなす「学問論」にとって、いわば「根拠」を提供する。第二節で述べるが、フッサールにおいて「確定性」は分析的な「帰結」によって導き出される「真理」の捉え方である。さらに重要なフッサールの見解では、形式的な「帰結」が内容を決定することができるという全体からの一義的な規定性をも示している（Vgl. XVII 104–105）。

これは全体としての「領域存在」が予め形式統一の構造を有しているからである。それ故、ここに言われている「真理」は当然、質料的内容に関わるものになり、一義的規定という捉え方はフッサールによると充実や明証性と結びつくことになる。第五節で後述するが、ここに「超越論的主観性」によって基礎を与えられる「最終的な論理学」が登場する（Vgl. XVII 296–298）。フッサールが広く論理学と呼ぶ学問は意味法則の学問であり、その理論は対象一般を支配すると同時に、実在との結びつきを失うことがない「真理」を表明するのである。

フッサールの独自の解釈によると、形式は第一義的に無矛盾を通じた分析形式であるが、次の段階では導出によって、新たな体系を総合的な対象として構成する。それ故、形式的な統一であった「確定的数学的多様体」は、質料的な内容をもつ対象の存在を射程にした「命題論的多様体」へと拡張されるのである。両者には意味法則という無矛盾の体系が共通の形式として含まれている。「数学的な多様体」は「帰結」によって「真理」を導き出す働きを備えているが、「命題論的な多様体」には「対象への関わり」が伴っている。それは、本来の意味が有意味なものであるとき、意味対象を「存在妥当」として指し示すからである。第四章第二節（a.）で述べたように、『イデーン』では構成された対象は、「質料的ア・プリオリ」という領域的な法則によって捉えられたが、本章では総合的な対象における形式的な特性、即ち、「命題論的形式」があらためて主題とされる。意味を規定する法則は、「有意味」な規定を目標としており、それはまず、形式的な「整合性」を前提にしているが、認識の対象となるのは「現実に妥当する」という意味存在である（XVII 133）。これはノエマが体験の内にどのようにして意識されているのかという存在様式の問題になる。

「多様体論」は『論理学研究』においては結合が成立する「思考領域」として理解されたが、それは形式的に結合される「具体領域」をも含めて、「或るもの」という基礎的な範疇によって体系をなしている。フッサールによると、意識は結合によって一つのノエマ（命題）を相関とする一つの意識となることができる。ノエシスという意識の「機能」は、事物の性質を一義的に規定するが、意味を「確定」することによって「命題論的多様体」のもとに理解される。本章では、数学的な「確定的多様体」は、まず第二節で述べるように、無矛盾による分析体系であるが、この無矛盾は認識機能として本来的に遂行される判断を通じて「真理」を明示することになる。第三節で述べるが、「SはPである」という判断を通じて表現される命題が、「確かにその通りである」という明証性において与えられたとき、「確かに存在する」という「真理」が捉えられる（XVII 134）。

第四章第五節で述べたが、論理的な特質を備えている「確定的多様体」は、無矛盾という形式の体系を内蔵しているが、それが判断にとって遂行基盤を提供する。対象を規定することは、知覚によって「命題論的」な意味がノエマとして充実されることである。また、フッサールは意味を付与する志向を通じて意識のノエシスを現象学的に捉えているため、判断をいわば「現出」として理解している。(2) このとき、フッサールは判断を主語と述語の結合としてばかりでなく、主観の認識機能のもとに総合的な結合の操作として「超越論的」に理解しようとしている（XVII 179）。フッサールは、全ての学問において共通の演繹的な体系が見出されることを指摘しているが、それがまた唯一の意味法則の連関として形成されることをも見て取っている。

かくして、『論理学』ではフッサールは「確定性」という数学的な概念を「超越論的」な構成の問題へと当てはめている。それは、フッサールが論理的なものが全て「根源的論理性（Urlogos）」としての「超越論的主観性」から由来すると内在的－目的論的に理解しているからである（XVII 280）。『論理学研究』では「真理」は「真理自体」として客観的に扱われたが、『論理学』にいたって「真理」は、「超越論的主観性」による構成を通じて、あらためて実在世界への関係を主張されることになったのである。フッサールにおいて「真理」は実在世界における「存在妥当」であると同時に、命題によって表わされる「閉じた体系」でもある（Vgl. XVII 106–107）。両者は諸学問の領域において「命題の総合」によって統一的に理解される。このとき、フッサールは「普遍学」という考え方を採用することになる。次節では判断における基本的な構造を無矛盾の形式として確かめよう。

第二節　帰結論理学と普遍学

対象一般を扱う形式存在論が「領域」を通じて理解されるとき、フッサールは世界の実在を包括する「普遍学（mathesis universalis）」という呼称を与える（Vgl. XVII 145–146）。では、「普遍学」へと深化される形式存在論が「命題論的な多様体論」における総合を包括する目的は、ここでどのように理解すべきであろうか。それは、対象領域に関わるとされる「普遍学」の要素としての「或るもの」が同時に意識の志向性の目標として捉えられるからではないだろうか[3]。

フッサールの見解では、論理学に見出される内的構造は判断形式、帰結形式、真理形式として「三肢構造」を備えている（Vgl. XVII 58-61）。これはフッサールが論理学を三つの観点から考察するということであり、三つの諸分肢から論理学が成立するということではない。例えば、「机は家具である」という判断形式は、主語「机」と述語「家具」から結合されているが、それは同時に「帰結形式」にもしたがっており、「机」という概念内容から「家具」という概念内容は「分析的」に帰結されている。フッサールのいう「帰結」は、「必然的な帰結」を指しており、内容分析による「必然的な内部構造」を明らかにしようとする捉え方なのである。第一章第二節（c.）で述べた「事例の直観」において「本質」が「洞察」されるとき、それは「形式的な帰結」と見なされたことに相当する。ここには「多様を手放さない」という「本質」の基づけによる「多様体」の考え方が見出される。『論理学』で示された論理学を三様に捉える考え方は、「世界を生み出す超越論的主観性の法則」として「多様体論」の深まりによって導き出されたものである。さらに「真理形式」は、真理と非真理（虚偽）が形式的に区別されたり、あるいは知覚によって現実的に区別されるという考え方であり、これについては第三節で後述する。

本節では前節で述べた判断形式をもつ命題に内在する「整合性」を「帰結」の前提として明らかにする。フッサールが論理的形式という場合、狭い意味では無矛盾によって成り立つ分析形式を指すが、形式が内容を指し示す場合、論理的形式は「帰結」のように広く理解されることになる。「無矛盾は最も広い意味では分析的帰結を含むものであるが、無矛盾とは可能な判断の固有な遂行可能性にとって必然的で十分な制約なのである」（XVII 223）。フッサールが提起する「帰結論理学（Konsequenzlogik）」には論理的な無矛盾の形式として意味の「整合性」が見出される。本来的に判断の遂行は、明証的になされるとき論理的な原理にしたがうと考えられる。それは認識の働きが無矛盾という論理的な形式に予め制約されているからである（XVII 106–107）。ただし、ここで引用された文章ではフッサールは「帰結」を包含関係をなす分析形式と同じ意味で用いていることが注意されねばならない。即ち、予め意味統一を「規整」する判断の遂行可能性は、「帰結」としての論理形式に基づいている。それは論理的な原理としての「帰結」が、予め意味自身の「整合性」に基づいているからである。

この「整合性」は『論理学研究』では二つ以上の意味や判断が一つの意味に統一されうるという考え方によって理解されていた。「どの判断の帰結もそれが直観において遂行されるべきならば、事象的な諸可能性の帰結である真理の帰結になる」（XVII 71）。このようにして、意味を取り巻く事象に関わる『論理学』における「多様体論」のダイナミックな構成的な意義は、『論理学研究』の形式存在の客観性の確立に加え、『イデーン』の「超越論的観念論」を介して次第に明確になってきたものである。中期以後のフッサールが扱う「多様体論」では、「或るもの」という対象一般が「命題論的」な総合にとって存在論的な意義も内蔵しているということを見逃すわけにはゆかない（Vgl. XVII 93-97）。

これはノエマが体験においてどのようにして意識されるのかという所与性が、具体的なノエマの存在妥当と結びつくからである。「なんらかの或るものに関する各々の意識はア・プリオリに可能な意識様式の開かれた無限の多様体に帰属している。そしてこれらの可能な意識様式の多様体は共同定立の統一形式において、即ち、同じものに関する意識としてそれぞれが一つの意識に総合的に結合されうるのである」（XVII 168）。

ところで、形式的な包含関係である意味の分析的な「帰結」が、なぜ質料を包み、構成へと転じることができるのだろうか。それは無矛盾という考え方が意味統一という意味の内的な側面、即ち、「整合性」に基づいているからではないだろうか。「矛盾した判断は今や勿論、意味統一における一致を持つ。だが矛盾と一致は帰結論理学の諸概念に則して相互に背反する反対命題であり、しかも次のことが明らかなのである、即ち、矛盾と一致は意味統一を前提にするということが明らかである」（XVII 224）。フッサールでは「理論の理論」としての「多様体論」の眼目は、形式的な構成が最終的に全体として普遍的な論理学の中に繰り込まれることである。形式的に捉えられる無矛盾は、世界における実在と関わる「根源的な論理原則」として意味の統一を支配すると考えられる[4]。第三節で後述するが、フッサールでは形式的な対象一般を包括する「真理」が、さらに判断の対象に関する「真理」を存在論的に、即ち、存在妥当として形成することになる。分析的に導出される「真理」は、単なる「帰結」を与える無矛盾の前提であった意味統一によって、より実在に即応した「形式存在論的な真理」へと向かうことになる。

また、「命題論的な総合」には「超越論的主観性」による遂行という「実践性格」が見出される。なぜならば、主観は「認識の関心」を生き生きと保持しているからである（XVII 113）。第四章で述べたように、フッサールによる学問の基礎づけは、初期には「法則論」によって企図されたが、後期においては「普遍学」を通じて捉えられている。世界を包括する「普遍学」はフッサールにとって形式存在論が深化した考え方であるが、これは諸学問を統一する形式、即ち、「多様体論」によって捉えられる（XVII 143）。第三章第二節で述べたように、「真理」を無矛盾の体系として統一している「伝統的な普遍学（三段論法の拡張）」は、フッサール独自の解釈では「対象に関する多様体」という認識批判的な着想をえて、より深められてゆくのである。

第三節　内在的な真理の問い

前節で明らかとなった「普遍学」を提供する「多様体論」は、「或るものの存在論」である。第一節や第二節で述べたように、「或るもの」は「命題論的」な構成にとって「基体」を提供する。「判断基体」である「或るもの」は「自己所与的な明証性」によっていわゆる「真理の論理学（Wahrheitslogik）」を可能にする（Vgl. XVII 142–143）。第三章第三節（b.）で示したように、「自己所与性」は「知覚の明証性」として内在的に理解される（XVII 165）。「明証性」は、内在における「超越」が構成されるさい、確証的に自己を示す働きと捉えられるが、それは第四章第三節で述べた「知覚の多様体」としての「現出」における法則によって示される。

また、第三章第一節（a.）で述べたようにフッサールにおいて「真理」は「志向の的中」という直観的な充実によってもたらされるが、その「明証性」は「多様体論」では無矛盾に基礎づけられる（XVII 100）。「志向の充実」は認識の本質法則であるが、それは対象の「同一性」に向かうために「或るもの」という制約によって形式的に扱われる（XVII 168）。分析論としての形式存在論は、志向を充実する意味にとって対象一般という可能枠を提供すると言える。対象を与えるためには形式も単なる無矛盾だけでは不十分であり、「予め思考された実在世界」にたいするものでなければならない（XVII 231）。この形式には周囲世界をも含めた事物経験が求められており、それは「現実に存在する」という知覚によって明らかにされる。フッサールは次のように知覚を定義している。「知覚とは、自我にたいして何らかの或るものが生き生きとした現在において現出しているということだけでなく、自我が現出している事物を認知しており、その事物を現実的に存在するものとして把握することである」と（III 230）。

つまり、フッサールの捉える主観は、無色透明のものというより、生き生きとした具体的な実践性をもち、論理的遂行を「自己目標」とした意識様式を備えている。それは志向体験の作用性格そのものが、「自我にかなう」とされる調和的な連関をなす広い意味での論理的な形式と見なされるからである（XVII 243–244）。「可能な知覚や想起やそれ以外、唯一の同じ対象に一致的に関わったり、関与しうる志向的体験一般の多様体は、全ての広範な複合に際し、ただ個別的に異なっている事物である個々の事物一般にとって一つの完全に規定された同一の本質様式（Wesensstil）を備えている」（XVII253）。意識の志向は普遍的な構成の機能を有しており、それは全体としての統一をア・プリオリに包括する。そこで、志向性は個別的に切り離されて捉えられるのではなく、総合的に一つの対象を目指す連関として理解される（XVII 253）。それは、体験の多様には一つの方向が内在しているからである。意識の志向はその「目的論」によって対象統一へと向かう。(5)

第二章第五節で過去の出来事を想起する「根源的な能力の多様体」が呈示されたが、これが広く「私の意識の統一」を露わにするとき、「超越論的」な観点が登場した。これは生き生きとした具体的なものであると同時に、理念的な能力として捉えられる。このようにして理解された認識対象を構成する「超越論的主観性」の働きは、『イデーン』では「純粋意識」と呼ばれたノエシス-ノエマの相関構造であったが、その「超越論的構成」を主題とする態度が、『論理学』では「最終的な論理学」を提起する。「何らかの或るもの」への ア・プリオリに可能な意識様式は、「無限の開かれた多様体」に含まれる。この意識様式は連関妥当の統一形式においてその都度、「一つの意識」へと結びつけられ、その明証性の基礎には目的論的な構造をもつ統一の経験が見出されるからである（XVII 169）。対象意味はわれわれにたいする存在を措定する経験によって構成されるが、それは「自らを現在的に指し示す（sich-selbst-gegenwärtig-zeigen）」という知覚の「根源的形式（Urform）」を介してである（XVII 173）。フッサールは命題として構成された判断の充実化を「自己所与性」と呼んでいるが、それを「今-その場に-いる（jetzt-dabei-sein）」という知覚の特性によって捉えている（XVII 166）。即ち、「超越論的主観性」の働きは、「今-その場に-いる」ということによって、全ての時間において「妥当」を有している命題の意味する「全時間的なイデー」を実現することである。さらに加えて、フッサールでは意味は論理的な構造によって捉えられ、同時に現実的に妥当する存在に関与する働きを備えている。

このようにして、「多様体論」は「真理」を射程にした「真理の論理学」にとって普遍的な形式を提供しており、内在的に捉えられる目的論を有した統一をなす。論理学はこのとき主観的な「機能」によって「超越論的」な基礎づけを見出すことになる。「ひとが意識の能作やとりわけ明証の能作を理解しようとするならば、ときおり、意識の諸対象への方向やとりわけ経験する意識の方向について語るだけでは不十分であるし、場合によっては上辺だけ外的経験や内的経験やイデアチオン等々を区別することだけでは不十分なのである。ひとはこの意識能作の表題のもとにある意識多様体を現象学的反省において自らの視野にもたらさなければならないし、意識多様体を構造的に分解しなければならない。そのときひとは意識多様体を総合的移行において追跡して、その最も要素的な構造にまで分け入り、その志向的な役割や機能を問わねばならない。次のことを判明にしなければならない。体験の多様体の内在において（in der Immanenz der Erlebnismannigfaltigkeiten）、即ち、多様体に交互に登場する現出様式において、どのようにして多様体の向きと多様体が向かうものとがなりたち、そして今や総合的経験という視野において超越的対象自身がどこに存立するのかを判明にしなければならない。この超越的対象は個々の諸体験に内在するものとして、しかも個々の諸体験を乗り越える同一性における超越的同一性の極として存立するのである」（XVII 172）。ここで示唆されている「多様体の方向づけ」とは、どのように「同一性の極」と結びつく多様が、内在的に捉えられるのかという志向性の働きである。このようにして、フッサールが個別的な体験に見出される「真理」を疑いえないものとして獲得するのは、より正確にいえば「内在的な領域」である（Vgl. XVII 291-293）。

フッサールが『論理学』において論理学を基礎づけるという最終目標に向かい、「多様体」を意識様式として導入する理由は、多様な内在所与の統一を解明するためである（XVII 199）。第四章第一節で述べたように、「多様体」は「超越論的」な態度によって露呈する「質料的なア・プリオリ」という意識の総合的な形式として不可欠の概念になる。なぜならば、それは「多様体」が「或るもの」への志向によって、認識を成就する判断を通じて実在を真理として包括するからである。これは第三章第一節（a.）で述べた明証的な所与の充実による「真理の問い」になる。

フッサールが「真理形式」という側面から論理学を捉えるとき、いかなるノエマに志向性が向かっているのかが問われる。さらに、この「真理形式」は考察の上では判断や「帰結」を前提にしていたが、それが解明されることによって、今度は判断や「帰結」がその上になりたつような「先論理的な志向性」であることが明らかになる。それは「内在的な真理の問い」こそ、判断や「帰結」がそれによって成立する「先論理的な志向性」に遡ることを示すからである。また、フッサールでは「真理の形式」が、生き生きとした認識の形式として捉えられている（XVII 165）。このとき、「内在的な真理の問い」は「超越論的」な意味で理解された「内在的に機能する明証性」によってより具体的に明らかにされるのである（XVII 294）。

第四節　日本の研究者による多様体の解釈

「多様体論」に関する従来の研究では、認識に寄与する「確定的多様体論」について十分な議論がなされてこなかった。論者によって言及される「多様体論」も「多様体」も数学的形式論だけに重点が置かれ、「多様体」の現象学的な理解に基づく包括的な学問としての「普遍学」の役割は相変わらず等閑視されてきた。元々、フッサールが模範としたライプニッツによる「普遍学」は、個別的な事実による調和の体系に「理性の支配（神性）」を見出そうとするものであり、「本質」と事実を区別することで、かえって一個の事実を普遍的に妥当する「本質法則」の事例とする壮大な「観念論」の企図であった。第一章第二節（d.）で述べたように、そこには体験することによって秩序を明らかにする「形而上学的な経験解釈（充足理由律）」が前提にされているはずである。フッサールが知覚の構造を志向体験として「目的論」を通じて捉えようとするのは、そこにいわば「世界の形式」として「多様体論」を見てとっているからである。従来の研究者はフッサールの見解である意味法則と現代的な構文論との表面的な差異ばかりを強調しているが、フッサールが理性批判的に論理学を基礎づけようした真意は、決して取り上げられてこなかったのである。

a. 伊藤春樹の多様体解釈

伊藤は「フッサールにおける形式論理学の二面性について」（一九八三）において、フッサールが論理学と「存在論」とを一つの原理によって統合しようとしたことについて十分に吟味しているとはいえない(6)。「命題論」は判断によって形成される主語‐述語の論理関係としての形式を備えているとされるが、その存在論的な射程が把握されていないからである。伊藤はフッサールが形式存在論によって形式命題論と形式論理学とを結びつけようとしたさい、両者に共通する「体系」をどこにも明示していないと批判している。だが、果してフッサールは形式存在論を導入するさい、現代における「集合論的なモデル理論」に類似した「メタ定理」を用いて、形式論理学の法則を「超数学」によって証明しようとしたと言えるのであろうか(7)。

確かに、フッサールが主に用いた「代数演算」の方法は、主語‐述語関係を「命題論的」に扱うよりも、現代的な集合間の「包含関係」によって表わすものである。実際、フッサールが無矛盾の法則を包含関係と捉えている箇所もある。「命題論」における主語‐述語は論理学では基体‐属性に相当しており、形式存在論を導入することにより、認識を判断形式によって考察することを可能にする。しかし、ここでは判断作用を中心にした現象学的な論理学の基礎づけにまで焦点は絞り込まれてはいない。それは、伊藤が「数学的多様体」によって実在を包括する「普遍学」を過小評価しており、殆ど見過ごしているからなのである。世界と主観との相関関係を包括する「存在論」の視点こそフッサールの意図した「形式体系」の真意であろう。

さらに、伊藤は無矛盾という導出が「或るもの」による体系的な構成を果たしているという「確定的多様体論」の本来的な重要性（質料的内容を取り込む役割）を忘れている。そのため、伊藤は「代数計算」としての形式操作だけを念頭に置いて、形式存在論そのものを明示するはずの「多様体論」を顧みず、当時の論理的-代数的状況を復元している。そこで一応、フッサールが「概念対象の算術」によって命題を内包的に捉えようとしていたことを正確に示している[8]。この「算術」こそが対象一般の形式存在論に相当するのではないかと伊藤は仮定している[9]。これは非常に瞠目すべき主張であるが、それだけではフッサールにおける論理学の内包的な理解に留まるだけである。

伊藤はフッサールの演算についての理解が、結合としての「多様体論」を要請したということを見過ごしたのではないだろうか。他方で伊藤は「命題論」を意味領域として理解しており、それを充実するのが世界という意味の構造であると正しく認識している[10]。

結果として、伊藤は、フッサールが「普遍学」によって論理学と「存在論」とを結びつける「構造的な同一性」を朧気に言及しながらも、それに平行するべき「形式体系」をごく初期の「代数演算」に限定したために、かえって「多様体論」に内在する「目的論」に到達できなかった。伊藤の理解では、フッサールが数学における存在妥当の可能性をより哲学的に捉えていたという注目すべき事実が、当初から見逃されていたからなのである。

b. 常俊宗三郎の多様体解釈

常俊は「フッサールの純粋論理学」（一九八六）において「多様体」と「多様体論」を形式存在論のもとに理解される「最高位の論理概念」であることに注目しているが、その解釈は数学的な形式にとどまり、

「超越論的」な問題圏にはあまり及んではいない。[11] それゆえ、フッサールが「多様体」は「命題論的な展開をすべきもの」であり、判断における「表象の複合可能性」であることを銘記していたにも拘わらず、「多様体論」が「命題論的」な形式の構成から導き出されるという意義に必ずしも着目されないことになる。

常俊は「多様体論」を数学的な典型として主題にしており、「確定性」をヒルベルトによる「公理主義」に帰着させるのだが、そのことによって示唆される形式存在論がもつ「命題論」への関係や「領域存在論」との「内的相属」については詳かな解明が残念ながらなされてはいない。[12] こうした「多様体論」の正統派的解釈は、「可能な存在論一般」の形式が「命題論的」に理解される重要性に及ばない。また、本質が「類型」を導き出す多様を可能にする「指導像」であることも理解されるにはいたらない。[13] ところが、フッサールが求めていた形式存在論こそが「世界一般の形式」であり、「超越論的主観性」における構成連関になることが忘れられてはならないだろう。

フッサールが公理からの導出による「確定性」を述べる理由は、「命題論的」な無矛盾を唯一の判断形式と見なしているからである。このようにして、「多様体論」を数学的な形式にだけ限定してしまうと論理学の「超越論的な基礎づけ」に関する解釈が、全く次元を異にしてしまい、困難に陥ってしまう。認識を通じ対象が「判断作用の多様体」へと転換されることがまずもって現象学的に把握されない限り、「超越論的」な意識における「目的論」が、なぜ「確定的多様体論」を通じて展開されるのかは決して明らかにされえないからである。

c. 形式存在論と多様体論の導入の意義

フッサールにおいて形式存在論によって論理学が包括的に考察される理由は、従来の論理学の基盤に「超越論的」に捉えられる主観的な機能が求められるからである。これが論理学の「超越論的な基礎づけ」と呼ばれる。これまで第三章と第四章で述べてきたように、「超越論的観念論」はノエシスという形式的な働きによって成立していた。形式存在論はフッサールでは「領域存在論」に対比されるが、実際には、後者から内容を捨象するとき導出される形式一般が形式存在になる。「超越論的観念論」を成立させる「領域存在論」にとって意味質料を規定するノエシスが形式存在論を構成するとされる。ここに、現象学と論理学との根源的な一致が主観的な遂行可能性を通じて抽出される。結合の理論である純粋論理学は「数学的形式学」として無矛盾の体系によって捉えられる。[14] フッサールは論理学の客観性を「われわれにとって第一のもの」として承認しているが、その「超越論的」な意味付与の究極的な解明をも『論理学』では企図していたのである。

第五節　超越論的論理学

以上、見てきたように、第一節では「多様体論」と「命題論的な総合」とが「最広義の論理学」のもとに統合された。意味の形式理論に認識という観点を導入するとき、論理学は対象と結びつき、より深く拡張された。対象を持つ意味が有意味とされ、それが命題によって表現されるとき、その命題は「真理」として捉えられた。そこで、形式存在論は論理学の真理条件であることが判明した。第二節では形式存在論が「命題論的な多様体」における総合を包括することによって、さらに対象領域に関わる「普遍学」へと深化された。論理学の内的構造には判断形式、帰結形式、真理形式という「三肢構造」が見い出された。分析的な「帰結」を伴う無矛盾は、判断の遂行可能性の制約として捉えられた。「整合性」が「帰結」には前提された。第三節では、対象意味は「自らを現在的に指し示す」という知覚における「根源的形式」を介して存在を措定した。「多様体論」が「真理」を射程にする論理学にとって普遍的な形式を提供したが、それは「内在的な明証性」によって捉えられた。論理学は内在的な志向の機能によって「超越論的な基礎づけ」を見出した。第四節では、従来の日本の研究者が「確定的多様体論」について、その「普遍学」との内的な関係からは十分な報告をしてこなかったことを論じた。

「多様体」という形式存在はあくまでも質料的な存在を包括する「形相」であり、「或るもの」による「普遍学」にまで深められるが、それは対象一般を認識する思考によって「実在の全体形式（die Form-Allheit von Realität）」と呼ばれるものとなる（XVII 278）。この形式は「超越論的」な意味での意識の様式と解釈されなければならない。第二章で見てきたように、認識の対象である時間客観は内在的な所与の明証性によって基づけられていたが、それは第三章で明らかとなったように、内在的な統一体としての「多様体」をなしていたのである。

この内在的な所与に備わる「明証性」によって「超越論的論理学」が、その他の形式的な理論に基礎を与えることができるのである。フッサールは意味を付与する志向性の「機能」を「明証性」と呼んでおり、それは論理的な理性にとって「構成的な問題」を呈示することになる（XVII 275）。第四章で述べたように、実在世界を構成する「超越論的観念論」を提起するフッサールによると、論理学が素朴に世界の存在を前提にしているだけでは、「論理学自身を批判的に基礎づける」ことはできないからである。

かくして、「超越論的論理学」という論理学の基礎づけが「超越論的主観性」によって可能になるという考え方は「超越論的観念論」における「構成論」によっている。とりわけ、「真理」は論理学における形式的な無矛盾を手掛かりにして、実在を包括する「普遍学」によって「現実存在」という考え方にまで深められ、展開することになる。フッサールにおいて「普遍学」と「形式存在論」は「様々な文脈で互いに一致する」と言われ、「内的連関」を有している（Vgl. XVII 150–154）。第四節で述べたように、認識を批判的–反省的に根拠づける現象学的な態度が、論理学を「真理の論理学」へと誘導したのである。「この超越論的主観が体系的にかつ普遍的に超越論的現象学として自己省察するとき、超越論的主観性はわれわれの今までの叙述から明らかであるように、自己自身の内に全ての客観的存在や全ての客観的真理が、全て世界的に自らを証明しながら、構成されているのが判明する」(XVII 280)。志向性を通じて直観の段階的な増強を連関に導く論理的な法則は、意味が指示する対象と実在の世界を共に収めることになり、われわれの世界にとっての存在論へと拡大することになる。

『論理学研究』で示されたように、論理的に理解される対象は客観的な意味法則に支配されるが、それは『理念』において明らかになったように、主観的な認識機能である「ノエシス論」によって再構成される。フッサールにおいて純粋論理学は、伝統的な形式論理学を「学問論」として再提起しただけのものではない。フッサールの意図では客観的な純粋論理学を支える意味付与作用を解明するため、主客の相関構造を主題とする「超越論的」な基礎づけが露呈されるのである。「或るもの」に基づく論理的形式の学問である「普遍学」によって実在が包括されるとき「命題論的体系」は、「実在の総体」として理解される。これまで、主にフッサールにおける「論理的な形式」を主題としたが、次章では生や世界を包括する「多様体」に関する最晩年のフッサールの現象学的展望を明らかにしよう。

第六章　後期フッサール現象学における多様体論の展望

前章で詳述した『形式論理学と超越論的論理学』（一九二九）以降、フッサール現象学においてかつて「純粋論理学」に向けられた「問い」は、「生活世界」に潜在する「相関関係のア・プリオリ」の背景に後退したかのように思われた（Vgl. VI 140–144）。だが、志向性の本質構造は「現象学的還元」を介した「認識批判」によっても、その後の現象学において重要な位置を占め続けていた。それは、初期現象学において主題とされた「数学的多様体論」が、後期現象学において「普遍学」にまで深められた形式存在論を通じて、より包括的に論じられているからである[1]。そこで、本章では「多様体論」と「多様体」に関する現象学的な評価をめぐり、その後の展望を概観して本論考を締め括りたい。

第一節　生活世界と多様体

晩年のフッサールによって重要な主題となった「生活世界（Lebenswelt）」は、直観的に経験されるいわゆる「生の地盤」として与えられた世界である。先ず、フッサールが「生活世界」に対して「理論的関心

(theoretisches Interesse)」を向けると述べている真意に十分な注意を払わなければならないだろう（VI 158）。なぜならば、後期フッサールでは論理学における究極的な明証性が、意識の働きをめぐる「生活世界」への還元によって探究されているからである（Vgl. VI 130–132）。事物を包括する事象や事態が判断の相関者とされるとき、その論理的な構成は明証的な経験にその「根拠」を有していると主張される。フッサールでは、直観的に与えられる「生活世界」への還帰は、『論理学研究』や『イデーン』で確立された「志向の充実」によって意味という論理的な法則を捉える立場が全面的に破棄されることを意味しない。第三章で述べたように、知覚の形式を認識の機能と見なすとき、「ノエシス論」という形式存在論の深まりである「普遍学」による学問の基礎づけが主題となる。なるほど、『危機書』では「自然の素朴な数学化」が批判されてはいるが、それは客観的な自然科学が絶対的な「妥当」として無批判に受け入れられることや心理主義への頽落が戒められているのである（VI 99）。

　フッサールの言う「理論的関心」は、直観的な所与の世界への「根源的な還元」によって自然科学や実証科学を明証的な根拠から解明しようとするいわば「哲学的関心」なのである（Vgl. VI 102–104）。これは第三章から第五章まで述べてきた「認識の機能」がより広い視点から、即ち、「実践的性格」によって捉え返されたものである。フッサールの提起する「具体的な生活世界」には、いわゆる「ドクサ（δόξα）」という地平志向が予め潜在していることに注目してみよう。この「ドクサ」は「信憑」としては、自然科学によって客観化される対象ではないが、「ヘラクレイトス的な流れ（der Heraklitische Fluß）」という様式によって「機能」する志向性を指す（VI 159）。これは先に第五章第三節で示したように、予め与えられる「世界地平」によって開かれる主観的な主題地平に随伴した「先論理的」な働きを示唆するものである。この「ドクサの地平」は知覚の背景という「空虚な志向」、即ち、「信憑」によって、事象が与えられるさいの「包括地平」をなすのである。しかも、「或るものへの志向」は「多様体論」という形式存在論を導入する契機となっている。根源的に与えられる「生活世界」において高次の数学的な理論形成は捨象されるが、包括的な地平への還元にはこの「関心」そのものが「先論理的なドクサ」として残留しているからである。この「生活世界」という主観的アスペクトには「相関的なア・プリオリ（Korrelationsapriori）」という構造が見出される。これは地平としての所与様式であるが、「地平の展開（Horizontentfaltung）」を通じ、常に相対的にしか呈示されえない（VI 162）。地平にはまだ現実化していない潜在的な「現出様式の多様体」が帰属している（VI 162）。これは、第四章で詳述した事物の「射影多様体」が知覚経過として「一つの意識」に向かい調和的に総合される地盤をなすことである。

「知覚の多様体」はそれが内部で齟齬を来たしても「世界地平」において経過するさい、調和的な連関を回復すると考えられる。「世界は絶えずわたしの知覚する意識生活の統一の中で流れ去ってゆくが、しかしそれは、個々の場合について見れば、当の物が端的に現存するという意識を生じさせるような特定の多様体の調和的経過が必ずしも起こるとは限らない、という奇妙な仕方でなのである。知覚の進行につれ、またキネステーゼを任意に支配してみれば、それに帰属する多様体を調和的に充実するような経過に達するであろう、という予想的な確信を含んだ存在確信がしばしば維持されないことがあるが、しかしその場合、依然として世界の全知覚における調和性は維持されているのであり、しかもそれは本来絶えずそこで共に働いている訂正を通じて、維持されるものである」（VI 165–166）。このようにして捉えられる「生活世界」には包括的な規定性と調和性が含まれており、これはフッサールが指摘した「先論理的」と呼ばれる特質なのである。この調和的な連関体系には「多様体の全体系（das Gesamtsystem von Mannigfaltigkeit）」という形式存在論が前提されており、それは経験の脈絡をもたらす「世界の形式」と呼ばれる（VI 167）。

ただし、フッサールが述べている世界という志向性の基盤において、「普遍的なエポケー」の遂行がなされるとき、自然的な態度では素朴にその妥当が信じられているア・プリオリな法則は全て括弧に括られてしまう。「生活世界」は自然科学によって乗り越えられうるような「単なる主観の客観化」を指すのではなく、「超越論的主観性」に見出される「機能」する志向性によって「層」をなしている。各人の「信憑」が唯一の世界に暮らすという根源的な「一つの可能性」に変貌してゆき、経験的な「妥当」を相互に訂正することによって、「一つの地盤」に収斂するさい、フッサールによると「多様体における相互主観的な統一(inter-subjektive Einheit in der Mannigfaltigkeit)」が形成される(VI 166)。このような生の共通の「母胎」が「信憑」の地盤を提供する。

これは数学的な「多様体論」において導出されうるものではないが、「生活世界」にその基礎をもつ主観的-相対的な変移によって示される「生き生きとした多様」に相当するであろう。「生活世界」は普遍的な判断中止やエポケーの遂行によって獲得される「世界現象」であり、「単なる超越論的な現象(das blosse transzendentale Phänomen)」と呼ばれる(VI 177)。これは「生という地盤」に根ざす「経験様式」をなす。このとき、事物の「現出様式」を呈示する「多様体」は「生活世界」という現象を通じ、相関的な本質形式を明示する。この相関関係は構成する「超越論的主観性」にとって、対象一般として論理的に「機能」する側面と、現実の「生の主体」として「多様な現出」を備える「自然の存在論」に帰属するという側面から把握される。(2) かくして、経験の世界としての「生活世界の存在論」においても「多様体」は欠くべからざる形式存在である「普遍」として位置づけられるだろう。この「形式存在論」は論理学的な「妥当」という「理念」を表わすが、それは直観的に与えられる事物の空間-時間における位置づけや規定性に関わっている。それはフッサールが経験の首尾一貫性を「多様体論」に重ね合わせ、本質法則を介してイデア的に理解しようとしているからである。

また、フッサールは「超越論的主観性」の客観化可能性を問題視しており、やや錯綜した探究を試みている。「しかし哲学者にとっては、その点こそ、また客観としての世界の中の主観性であると同時に世界にたいする意識主観であるという相互関係の内にこそ、それがいかにして可能かということを理解すべき理論的問題が存しているのである。判断中止は、世界に共に属している主観‐客観の相関を越えた態度をわれわれに与え、それと共に、超越論的な主観‐客観の相関へ向かう態度を与えることによって、われわれを、自己省察によって次のような認識に達するよう導くのである。即ち、われわれにたいして在る世界はその在り方と存在からいってわれわれの世界であり、全くわれわれの志向的生からその存在意味を汲み取っているのであって、しかも証示可能なものであって、論議によって作り上げたものであったり、神話的思考によって捏造されたものではない、という認識である」(VI 184)。経験の様式をなす世界地平は、その「素朴さ」ゆえに知覚に隠された経験の本質構造と見なされる。これはエポケーの遂行において「現象」に変貌して行き、最終的には「現象の宇宙(Universum von Phänomenen)」として獲得される(VI 185)。フッサールが発見した「現象の宇宙」としての「多様体」にはどうしても複数の主観の構成が究明されなければならない。「超越論的主観性」の結合は「調和の体系」を提起したライプニッツに倣い「モナドロジー」と呼ばれる「交流」を示している。これはフッサールでは、特に「モナドの多様体」と言われている(3)。モナドは具体的事実に連関するものであり、一つの客観に向かって収斂する「多様の体系」をなす。

かくして、フッサールの「多様体」は事物経験の「現出様式」として「普遍」を表わしており、この「生活世界」は「数学的な確定性」によってはその「先論理的な特質」が語り尽くせられない。では、このような特質を抱える「生活世界」に対応する「多様体」の深まりや豊富化を「論理学の基礎づけ」という側面から再度考察してみよう。

第二節　生活世界と論理学

後期フッサールにおいて、『論理学研究』ではまだ判然と分岐してはいなかった「命題論的」な主語–述語の関係が、認識批判的な観点から判断遂行に「還元」されることになった。そこで「生活世界」への「還元」は、論理学の「超越論的な基礎づけ」にとって極めて有用な要請と考えられる。それは明証判断を遂行するとき、「命題論的」に扱われる事物が判断の主語であり、本来的な判断可能性は事物が与えられる知覚の「明証性」に基づけられるからである。判断における述定的な明証は知覚における所与に基づけられ、判断遂行する能力との一致によって理解されることになる。『論理学研究』では、「純粋論理学」における範疇が「志向の充実」として「高次の基づけ」によって所与にもたらされる構造から考察された。範疇的な形式構造を有している「命題論的な総合」が主題となるとき、存在の総体である「生活世界のア・プリオリ」を通じて、より深く解明されることになる。つまり、この「生活世界」は論理学にとって唯一の明証的な地盤を提供するものと理解される。なぜならば、この「生活世界」は、事物という判断基体を包括する地平をなすからである。(4)

フッサールが「エポケーの遂行」を通じて「超越論的還元」を究めようとした『イデーン』の「方法論」を修正した第一の理由は、いわゆる「反省的方法」によって繰り返される「自我分裂」を通じて「匿名の影」が反省の限界として残留するからである。この限界を越える観点が、「生き生きとした知覚」によって与えられる周囲事物の世界である「生活世界」という地平構造なのである。フッサールは述定的な明証性が「前述定的明証性」によって基づけられることを主語である基体が与えられる直観の明証性として理解しており、それを「生活世界」に遡源させている[5]。

フッサールが「生活世界」を発見したのは、現実に存在するという「事物の構成」を通じてであるが、それは事物が「命題論的」な基体概念を「生き生きとした知覚」において提供しているからでもある。それはまた論理的な意味法則を介し、「学問論的な基礎づけ」によって要請されたと推測される。第五章第二節及び第三節で述べたように、論理的意味で判断にとって基体は、それが世界に内在するさい、「真理の論理学」として考案されることになる[6]。

フッサールが捉える「生」は広く直観の世界を指すが、それは論理的な意味活動を周囲から現実に支える「志向的な生」として、つまり元来の「意味付与の機能」によって理解される。このようにして、伝統的な論理学が客観的な真理を保持することは「第一のもの」として承認されるが、その「基礎づけ」は世界を構成する「超越論的主観性」の働きに遡るものであり、「内在的な明証性」としての志向性が「知覚の地平」にまで到達するのである。「最終的には一切の述定的明証性は経験の明証性に基づけられている。この基づけの関係（Fundierungsverhältnis）を証明し、述定的明証性が経験の明証性に発するのを追跡するという述定判断の起源解明の課題を果たすには、経験の本質に関してこれまでに明らかになったことからすれば、一切の個別的経験の普遍的基盤としての世界への、即ち、一切の論理行為以前に直接に前以て与えられるような世界に帰って行かねばならない。経験世界への帰還は生活世界への帰還（Rückgang auf die Lebenswelt）、即ち、その中にわれわれが常に既に生活している世界そして一切の認識行為や一切の学問的規定の基盤をなす世界への帰還なのである[7]」。このとき、フッサールは「生活世界への帰還」によって論理学の基礎を解明しようするが、それは知覚地平の明証性が問題とされることでもある。

ここで忘れてはならないのは、「生活世界」とは判断基体が与えられる世界であると同時に「論理活動の沈殿（Niederschlag logischer Leistungen）」が染み込んだものとして予め与えられるという「発生論的な観点」

である。[8] これは「生活世界」そのものが「超越論的主観性」の構成によって成立しており、そこには志向性による「歴史的な沈殿」が含まれていることである。これは第一章第四節で詳述した「基づけ」を通じた「範疇的直観」という形式的な対象の「充実化」に遡ることである。「多様体」は様々な要素を自らのもとに取り込みながら、常に法則として働くため、「先論理的」な所与の世界においても繰り返し歴史を形成する「深化した多様体」として見出される。そこには「超越論的な能力」による意味の歴史が沈殿していると理解される。第一章で解明したように、感性的素材が既に受容にさいして範疇的に形式化されているという初期フッサール独自の考え方は「現出の多様体」を導く根拠となったものである。「多様体」という「形相」の体系は、論理的な意味をイデア的に表示する道具なのである。「多様体論」の最重要な意義は、それが意味を規定するという現実的な働きを「形相」として内蔵することである。[9]

このようにして、「多様体」という概念は、まず数学的な形式存在であり、それはフッサールにおいて、対象を規定する「命題論的」な形式に及んでいる。それは、対象一般が「生活世界」において規定可能な「親しみぶかさの地平」において与えられることによって捉えられる。前節で述べたように、「生活世界」に対応する「多様体」には「先論理的な特質」が見出される。それは「論理学」の主題となる以前の所与性の多様である。これが現象学の中では「多様体論」の深まりとして新たな発展を示すものと理解される。つまり、「命題論的」な存在と形式存在とを統合する最終的な論理学が「真理の論理学」として形成されるからである。そこで、「命題論的」に与えられる事態が、世界に内在する事物を経験することによって「真理の対象」として実在を指し示すことになる。

第三節　生活世界への批判と展望

論理学が「生活世界」への還元によって「基づけ」られるのは、経験が首尾一貫した秩序を有しているためである。論理学が無矛盾によって形式存在論と同じ構造を有していることは、「現出の多様体」を介して対象の認識がイデア的に捉えられることに帰着する。経験には意味が「普遍」として沈殿しており、経験が意味を付与することには、判断に先だつが経験に内在する形式存在が要請される。「或るもの」という対象の「多様体」は、「生活世界」においても主観的な論理的活動を支える「普遍」として理解される。[10]

a. クレスゲスのフッサール批判

クレスゲスはフッサールの「生活世界」に認められる「両義性」を批判している。[11] この批判はフッサールが「生活世界」を主観的な直観の所与世界として具体的な存在としながらも、そこに客観化を基礎づける役割も同時に籠めていることによる。[12] 後者の役割は「生活世界」における「相互主観性」に関わるものである。[13] 端的な「生活世界」は主観的-相対性によって捉えられるばかりでなく、それが究極的な明証性において明らかにされるためには、「相互主観的」に統一する地平が完全に実現されていなければならない。[14]

また、フッサールは「生活世界」を存在するものの「総体性」としている。[15] この「総体性」は主観が捨象されても残留する「宇宙」である。これは「生活世界」の地盤機能と呼ばれる普遍的な働きを示すものになる。この「生活世界」において地平的-相対的に与えられる所与は、『イデーン』における「領域的存在論」に相当するはずである。さらに、クレスゲスはフッサールが「生活世界の存在論」について、「それがどのようにしてわれわれにとって可能であるか」を明らかにしてはいないとしている。[16]

地平として与えられる「生活世界」には二重の役割が見出される。世界に内的な「多」とそれを包む「一」との相互補完的な二重性が世界の「両義性」をなす。[17] これは単一性と数多性との連関（一即多）によって解釈される。「生活世界」は地平として与えられ、そこには主観の能力を通じて接近可能な多様な「行動空間」が考えられる。主観と地平との相関構造はダイナミックな仕方で究明されなければならないはずである。クレスゲスは地平を主観的なものと捉えており、他方で「総体性」を客観的なもの、即ち、相互主観的なものと同一視している。そこで、個別的な主観と「総体性」を成すべき「相互主観性」との間に亀裂が生じることになってしまうのである。

「生活世界」は反省的な主題という意識の相関者であるが、それは同時に経験される「生活世界」としては「超越論的」な意味で受け取られなければならない。[18] この狭義の「生活世界」は、広義の存在論的な「生活世界」と一致するであろうかとクレスゲスは訝っている。[19]「生活世界」を「相互主観性」の地盤として捉えるためには「総体性」を考慮しなければならないが、そこまで至ることができるような経験の通路を確保するためには、反省的に把握される経験を明示する「統一地平」が必要なのである。このようにして、地平と「総体性」は相互補完的な関係でもあるとクレスゲスは言う。[20]

しかし、個別的な主観にも「総体性」が与えられてると言えるのではないだろうか。「総体性」が地平的に主観にとって与えられることは可能であるからである。これは全ての主観がそれぞれ一定の視角によって全体を捉えていると見なすことである。それは今まで述べてきたように、「多」によって基づけられる「一」と「多」を通じて「一」を捉えるという相補的観点によって「地平」と「総体性」とは一つに結びつくことができるからである。クレスゲスの危惧した「超越論的主観性」と「相互主観性」との亀裂は「多様体」という「一即多」の観点によって見事に修復されうるだろう。「多」を通じて現われるのが「地平」であり、主観は「多」を通じて「一」を常に見ることができるのである。このとき、フッサールが考えた「総体性」は地平的に与えられると理解することができるだろう。

b. ホールのフッサール批判

ホールはフッサールの「生活世界」におけるいわゆる「真理論」について批判している。[21] フッサールは「生活世界」を「端的な所与の世界」として規定していながら、その普遍的な「地盤機能」を暗黙に設定しているからである。他方で、フッサールが言うように形式存在論的な世界構造のもとに具体的事物を理解しない限り、「生活世界」をその普遍的な構造によって把握することはできないと、ホールは危惧している。さらに、ホールは端的な所与としての事物と形式存在論によって相互補足的に捉えられる「生活世界」に関わる主観によって到達される「真理の永遠性」に疑念を呈している。[22]

それは、「生活世界」への還元には「超越論的主観性」への「普遍的なエポケー」の遂行が引き続くものだからである。[23] 対象一般という判断の基体である所与の世界が「生活世界」であるが、そこには「超越論的」な意味付与の活動が既に沈殿している。[24] ここで、「生活世界」は親しみ深い「故郷」としての「共同体」という経験世界とそれに先だつ「普遍」としての「生活世界」とに分裂してしまうことになる。この述定的な経験に先だつ自明な所与の世界という「流れる」地平こそ「生活世界」の唯一の形式である。[25] ホールは、フッサールが「生活世界」を世界の様式としながらも、依然として主観による活動を優先視しようとするその「方法論」を批判している。[26]

フッサールは「生活世界」において多層な世界経験と中心的な自我経験とが一致することを地平構造によって暗黙に前提してしまっているのだろうか。[27] ホールは、フッサールが探究した「超越論的なア・プリオリ」の構造を「精神的に形成されるべき環境世界に委ねられる」として幾分不可解な仕方で結論づけて

いる。(28)

だが、このようにして述べられたホールの見解は「生活世界」を「発生論的な観点」からは決して理解していないと言えるだろう。フッサールが提起している論理活動の沈殿が染み込んだ世界の様式として、即ち、「超越論的主観性」の構成によって成立した「生活世界」における「多様体」という「普遍」と「具体者」との一致をホールは見過ごしているからである。常に「法則」として働く機能をもつ「実在の多様体」は、晩年のフッサールが見通していたように、「先論理的」な所与の世界においても「真理」を「相対的ア・プリオリ」によって指し示すことができるはずである。

c．生活世界論の展望

フッサールは「生活世界論」によって、自然科学の客観主義を批判している。それは、客観が「生活世界」から生み出されることが自然主義によって忘却されていることを批判しているのである。なぜならば、「主観的なものの克服」としての科学の理論基盤そのものは、意味を付与する「意識生」によって解明されるべきだからである。事物の直接性を克服したと信じられてきた自然科学の客観性は「超越論的主観性」という世界を構成する主観能力という、その忘却されて久しい「根拠」から捉え返されなければならない。「生活世界」には相対的な所与様式による「無限の体系」が見出される。それが唯一の地平に向かって収斂するという現象学的な洞察には、「多様体」という「普遍」による「現出様式」が最も理想的な「形相」の体系を提供していると言えるだろう。「生活世界」は『イデーン』で提起された「領域存在論」にごく親しい内容豊かな考え方として捉えられる。

それでは、「生活世界の存在論」によって世界を形式的に説明する論拠は、どのようにして成立しうるのだろうか。形式存在論は「領域存在論」からその内実を捨象した対象一般の可能性や論理的な「枠」であるが、第一節で示したように、それは暗黙のうちに働く「ドクサ」によって普遍的に包括されていると解釈できないだろうか。事物への親しみ深さ(既知性)や接近可能性が事物の射影体系を統一しているが、これは内在的な「意識流」における「多様体」に結びつく「現出様式」である。このとき、形式存在論は地平の包括性を損なわないのではないだろうか。しかしまた、数学的形式を典型とする形式存在論を事物や事象の内実に富む地平に素朴に帰一させることは控えなければならない。フッサールは根源的な論理活動を通じて、端的に与えられる事物に規定的に向かう「世界経験」を広い意味で理性的な能力に相応しいものと考えているからである。(29)

フッサールは「生活世界」という所与の世界を「先論理的」なものとして捉えていたが、そこに見出されるべき「実在の多様体」は、何よりも「カオスではない」という「法則性」を通じて理解された。「確定的多様体」は形式存在として「論理的な法則」によって定められていたが、「生活世界」と「生活世界」を構成する働きである「超越論的主観性」にまで探究を進めるならば、「多様体」はもっと素朴な形で「論理的なものの源泉」として解釈し直されることになる。第一章から第五章まで論じてきた「多様体」と「多様体論」は、この「生活世界」における「実在の多様体」によって可能とされると言えるだろう。「超越論的主観性」は「生活世界」を成り立たせると同時に、「学問を成り立たせる」働きよりも、もっと奥深い「能作」として考えられうるのである。勿論、「生活世界」は「確定的」なものとは言えないが、「確定的多様体」という完成した論理的な形式存在の「源泉」や「故郷」としてその手前に位置づけられるべきだろう。

結論

以上見てきたように、フッサールの現象学において「多様体」は、世界と主観との相関におけるア・プリオリな志向構造を表わす「形相」の体系として解明される。「多様体」には実在の類型が伴なわれ、これらは無限の豊かさによって充実される。それは、「多様体」がフッサールでは「経験の多様体」であり、それによって実在を包括することが可能になるからである。

先ず、序論を除く、第一章から第六章までの本論の主要部分の概要を示す。

第一章では『論理学研究』における「多様体論」が、学問論的な意義によって考察される。「多様体」はそのイデア的な法則によって成立することが強調される。これは先ず、「形式存在論」のもとでの「法則論」を示している。『論理学研究』で主題とされる「多様体論」は認識機能をもつ「イデア的な骨組み」としての「普遍」を示唆している。これは、判断形式によって明示されるが、そこにはまだ命題論的に把握される「存在の総合」は顕在化していない。この判断形式においては、意味統一の可能性を表わす「論理的な法則論」が考察されている。このいわば意味の客観性を保証する法則が「真理」として主観的に洞察されるのは、範疇的な「基づけ」によって統一する「多様体」によってである。なぜならば、「基づけ」が統一可能性というイデア的な法則をなし、これが意味の充実化へと現象学的に転用されるからである。多くの内容が新しい内容を基づける際、「統一契機」が新しい措定を可能にすると考えられる。「範疇的直観」は様々な志向体験を意味付与を通じて統一する高次の結合である。したがって、本来的には「集合」を意味した「多様体」は「思考の形式」を表現する法則による統一として捉えられる。

第二章では、『内的時間意識の現象学』において知覚が「意識流」の統一によって把握される。「多様体」は初めて現象学的な意識の宇宙に適用されることになる。そこでは、「多様体」は意識に適用される「疑似空間」として経験において形式を提供する「流れ」によって捉えられる。つまり、「意識流」としての「多様体」は「過去把持」の変遷による連関統一として「連続体」と呼ばれる。特殊な志向性である「過去把持」は「内的時間意識」における「流れ」の位相を引き留める「瞬間的な捉え」である。「連続的-瞬間的」に諸位相が共在する「今」という顕在的な知覚には持続が「多様の統一」として成立している。この瞬間ごとの連関系列が「多様の統一」に含まれており、現在野が明証的に捉えられる。そこで認識の対象は「時間客観」として意識の統一によって内在的に基づけられている。「基づけ」は先ず意識の統一を成立させ、次に認識の対象を成立させる二つの段階に分節されるイデア的な法則である。

第三章では、「多様体」は「統一する形相」として捉えられ、認識機能を担う心的な能力の複合を通じて、認識批判的な「理念」によって理解される。認識批判は認識の起源を自ら反省的に捉えようとする「方法論」を要請する。志向の「的中」という存在との「合致」が確証されるとき、「現象学的還元」の遂行を通じ、内在的な所与における「多様の統一」が自己確証的に生き生きとした様態で露呈される。この「多様体」は数学的な体系というより、意識に内在する絶対的な所与であり、「統一する形相」に関する働きとして批判的に吟味されたものである。それは、「多様体」が認識を可能にする意識に内在する絶対的な所与と見なされるからである。

第四章では、『イデーン』において「多様体」は「意識流」という「現出様式」に呈示される事物の射影と即応して理解されている。これは「形式存在論」という「形相」の個別例として認識の対象を総合する「機能」によって捉えられる。フッサールは『イデーン』において「超越論的主観性」による「超越論的観念論」を提起したが、それは内在的に見出される「ノエシス-ノエマの多様体」を通じた体系として明らかにされるものである。つまり、先ず「ノエシス-ノエマの多様体」が「超越論的主観性」として考察され、次に諸事物の性質として具体的に与えられる「形相」の体系が「領域的存在論」の中に組み込まれる。そして、この事物の「形相」が現実の体験や経験において「確定性」をもつ「現出様式」であることが示されるのである。事物の実在に見出される「質料的形相」は「領域存在論」に組み入れられ、それにたいして形式存在論は対象一般の可能性を統一する。この「形相」の体系は現実の体験にとって「確定性」をもつ「現出様式」という本質構造を提供する。経験連関には合理化する「理性」が形式存在論によって示唆されている。フッサールは体験における「多様体」というイデア的な知覚統一の可能性を提起することで、「意識流」の根源的な構造である志向性を通じ、ここにイデア的な事物存在と認識体験とのア・プリオリな相関を解明しようとしている。これが先論理的な構成の能作を行う「超越論的主観性」であり、「多様体」は「超越論的観念論」の観点から意識の構造、即ち、「統一する形相による体系」として捉えられることになる。

第五章では、後期フッサールの「多様体論」は、実在を調和的に包括する「普遍学」によって把握される。初期に提起された「多様体」や「多様体論」がより豊かな内容規定を持つものとして解釈される。「超越論的主観性」によって基礎づけられる「超越論的論理学」は経験における整合性によって内在的な明証性を獲得することになる。『論理学』で詳述された形式存在論は、経験における「整合性」によって論理的な構成を基づけるさいの形式的な法則と同じ構造を備えている。判断基体としての事物は直観にとって端的な対象であるが、対象一般としては論理的な「帰結」を可能にする形式存在論によって包括される。世界において存在する対象一般が「理性」によって基づけられるとするフッサールの調和的な「多様体論」による包括的な思考法がここに顕著に現われている。論理学の基礎づけは、広義の形式存在の学である「普遍学」に結び付けられ、それによって、真理の明証的な体験と実在を包摂する調和的な「多様体」との密接な関係が明らかになる。論理的な「明証性」は「超越論的主観性」による構成として解明される。それは自己所与的な「明証性」によって理解される「真理の論理学」を可能にする。

第六章では、「多様体」は「実在の多様体」へと深められる。それは「先論理的」な所与の世界である「生活世界」に沈殿した「質料的なア・プリオリ」という法則によって示される。フッサールはこれを「生活世界のア・プリオリ」として主題化しているが、「生活世界」を構成する「超越論的主観性」の働きは、「論理的な理性」より先立つ「調和的理性」による根源的な働きとして理解される。自然科学に合理性を与える論理学にさらに基礎を与える「超越論的主観性」の内在的な明証機能は、直観の世界における判断基体に遡り、最終的には「先論理的な領域」へと帰還することで解明される。したがって、「生活世界」に沈殿した「質料的なア・プリオリ」が「実在の多様体」として理解される。

フッサールは「生活世界」も学問として体系的に探究を進めようとしており、そこには「確定的多様体論」が成り立つという目論見がひょっとするとあったのかもしれないが、実際には、精密な考察が及ぶことはなかった。論理的なものの「発出点」としての「多様体論」は、「確定的多様体論」より手前に位置していたのだが、それは「学問の基礎」として示唆されただけに留まっていると言えるだろう。それ故、「実在の多様体」を隈なく解明することは「課題」として残されたのである。

それでは、以上の諸論拠から「多様体」はフッサール現象学にとっていかなるキーワードとして理解されるべきだろうか。それは、最初は数学者として出発したフッサールが、やがて哲学者として世界の根源的な形式として見出した「超越論的な観念」によって解釈されるだろう。それも論理的な形式を表わしながら、さらに論理学を成立させうる根拠としての「法則」を示すものであろう。なぜならば、フッサールが最終的に到達した「生活世界」を成り立たせる「超越論的主観性」による構成は、意味法則を備えたものであり、その「形相」が「多様体」によって捉えられるからである。即ち、「実在の多様体」は意味法則の宇宙である「形相」の集まりを指すからである。「多を捉えて放さない」という具体者を見て、さらにその多様を統一する「普遍」にまで探究の眼差しが届くとき、「超越論的主観性」という学問の根拠を与える「能力」が見出される。この「普遍的な観念論」には「具体者」である「個別」とそれらの多様を統一する「法則」によって「普遍」とが両立しうると言えるだろう。

フッサールにおける「超越論的観念論」は、アリストテレスにおける「普遍」と「個別」とがそれぞれ「第二実体」と「第一実体」としてイデアと見なされたことに類比して捉えることができる。それは、フッサールが「多様体」を「意識流」に適用したことによって、内在的に鮮明に捉えられる「個別」が全時間的に妥当する「普遍」と結びつくことになるからである。より詳しく言うと、フッサールが「現象学的還元」によって到達した「純粋意識」というノエシス―ノエマの相関構造を通じて、「世界を構成する主観」が明証的な仕方で獲得されたのである。

本論考は従来、長い間、不当に無視され続けてきた「確定的多様体」という概念がフッサールにとって半世紀近く、「超越論的現象学」の展開を深い所から支えてきたことを初めて解明したものである。「多様体」の思考法は、最初はカントが「多様の統一」として言及したように、素材的な受容性によるカオスの多様として放置されてきたものである。それから、この「多様の統一」は十九世紀の数学者、リーマンによって「自然の探究」へと適用されることになり、次第に精緻な学問性を帯びることになった。これは「現象の変様を表現する形式的法則」として解釈されてくるのである。フッサールは十九世紀半ばに登場したこの自然の探究方法を彼独自の哲学的な着想によって「超越論的観念」にまで変貌させたと言えるだろう。

かくして、フッサールの現象学の展開は、第一章から終章に至るまで詳らかに示したように、現象学に流れ込んできた「多様体論の深まり」によって生き生きとしかも整合的に解明されることが可能になったのである。

注

序論

（1）以下、本文中の引用は（ ）内にフッサール全集の巻数をローマ数字で示し、頁数をアラビア数字で示す。

（2）「多様体」は対象の「集合」であるが、より精確に言うならば対象の「領域」を指す。「領域」を「確定」するのが理論形式である。フッサールでは、プラスという結合を通じて構成される対象の「領域」には「a＋b＝b＋a」という形式法則が当てはまる。対象が帰属する「多様体」は、演繹導出を通じて真偽が「確定」される形式的な「領域」になる。「多様体」の「確定」には論理的な形式である結合（演繹的導出）が不可欠とされる。「現出の多様体」が「確定的多様体」と見なされ、意識流における「具体相」には「領域」を「確定」する形式が備わっている。意識は多様な様式を備え、それに対応する仕方で対象の多様も「類型」として相関する。事物現出の射影形式に応じた「体験の多様」には意識内容を解釈する「統握」の統一が必要である。「統握」を遂行するさい意識の系列である「現出様式」は無矛盾によって体系をなす。この形式は実在の基礎に想定されるが、実質的規定に関しては空虚であり、「なんらかの或るもの」として「形相」が統一される。対象の「形相」を表現する「多様体」と体系を有している意識生はいかにして呼応するのであろうか。この問いは、論理学を基礎づける「理性」によって考察される。「形相領域」の記述は体系的構造をもつ「超越論的主観性」によって明らかにされることになる。真理自体を与える自己所与的な明証性において対象構成は認識機能を備える相関基盤を「超越論的主観性」のもとに有している。フッサールは一九〇六年、自らの課題として「理性の批判」を手記に記している。これはフッサールが一九〇五年から演習に用いていたカントの『実践理性批判』（一七八八）に由来する。

フッサールがカントから引き継いだのは、ア・プリオリが認識のとらえ方であるという観点である。カントは、三次元空間が唯一の絶対的空間であり、これを認識の形式という唯一の公理とした。しかし、リーマンは公理を仮説として考え、空間の多様を提起したので、カントのア・プリオリの唯一性を修正したことになる。カントでは「超越論的」は、ア・プリオリと同義である。フッサールもリーマンの考えた様に「超越論的」という言葉で、認識における経験的な内容の把握を成立させるア・プリオリな形式を示したが、それは唯一ではなく多様に存在する。フッサールではア・プリオリは多様な認識の形式に等しい。多様な認識を捉える見方が「超越論的」と言われてくる。フッサールでは「超越論的な経験」が問われてくる。だが、カントでは「超越論的」という言葉では、唯一の認識の形式が表わされている。フッサールがカントから引き継いだのは、経験内容から独立した形式をア・プリオリとすることである。カントは唯一のア・プリオリを認めたが、リーマン以降の諸公理を仮説と見なすと、幾つものア・プリオリが成立することになる。フッサールはこの修正的な考え方を現象学に導入した。

Karl Schumann, *Husserl-Chronik*, Den Haag 1977, S. 99; Vgl. Husserl, Mengen und Mannigfaltigkeit（1891/92）（XXI 92-105）; ders., Funktionen-Mannigfaltigkeit und Mannigfaltigkeit im weitesten Sinn gegenüber dem engeren Mannigfaltigkeitsbegriff（1892）(XXI 408-411); ders., Drei Studien zur Definitheit und Erweiterung eines Axiomensystems. Das Gebiet eines Axiomensystems（1901）; ders., Die Frage der Aufklärung des Begriffs der natürlichen Zahlen als gegebener individuell bestimmter; ders., Zur formalen Bestimmung einer Mannigfaltigkeit.（XII 452-500）.

九鬼周造『西洋近世哲学史稿』下、（『九鬼周造全集』第七巻）岩波書店、一九八一年、四三頁参照。

（3）ピッカーによると、フッサールにおける反省作用とカントールにおける「超限順序数ω」とはあい対応することが報告されている。それは、特に「無限」の連関を形成する操作として考えられ、『イデーン』第一〇〇節では、想起や想像が繰り返される本質洞察にさいし、入れ子式のはめ込みを任意に続行するという「理念的な可能性（$\omega+1$）」が指摘されている。これは、「その様にしてどこまでも（und so weiter）」という形式を伴う表象の複合や任意性を産む段階的な操作になるが、その中に多くの絵が展示してある画廊を描いたテニールス（一七世紀フランドルの画家）の絵画を展示しているドレスデンの美術館の例が挙げられている（III 211）。ベッカーは、フッサールがカントールの「集合論」に非常に影響を受けていたことを報告しており、それは「無限」を自由に「創造」する能力を肯定する「プラトン主義」への共鳴である。

Vgl. Bernold Picker, *Die Bedeutung der Mathematik für die Philosophie Edmund Husserls*, *Philosophia Naturalis 7*, New York 1961, S. 329; Oskar Becker, *Beiträge zur phänomenologischen Begründung der Geometrie und ihrer physikalischen Anwendung*, Tübingen, 1973.

（4）ワイル（一八八五–一九五五）は『連続体』（一九一九）で、数学基礎論における構成的な操作としての結合の反復を重視しており、『イデーン』第八一節と第八二節の時間論と反省論を援用している。解析学で実数を自然数から構成しようとする算術化において、時間概念は不可欠なものでもある。「半直観主義」と呼ばれるワイルの立場は、持続する体験としての意識における繰り返しの操作を遂行する主体的な直観の明証性によって数学的な基礎づけを求めようとしている。「無限小」は無限の宇宙観を肯定したルネッサンスの世界観以来、古代や中世の思想界で用いられた「不可分量」に取って代わる考え方であり、それに関連して「連続体」は幾何学的な総和として構成される線・面・立体を指す。佐々木力「ヘルマン・ワイルの数学思想」（『岩波講座現代思想』十一）岩波書店、一九九五年、九七–一〇〇頁参照。

Hermann Weyl, *The Continuum*, transl. Stephen Pollard and Thomas Bole, New York 1987, S. 92, 122.

（5）心理主義に対する哲学的な学問論の構築が、初期から一貫した現象学の課題として考えられるだろう（Vgl. XVII 160–161）。

（6）フッサールに晩年まで精神的影響を与え続けたワイアシュトラスは、無限小解析が一七世紀以来、直観的-幾何学的なアプローチを払拭できないことに疑義を呈し、「厳密な数の概念」だけを通じて、解析学の基礎を与えようとしていた。それは、直観によらず純粋な形式的方法を通じた体系としての実数（有理数と無理数）による最初の基礎づけである。この解析学の「厳密な理論化」への動向は、結果として「自然数の比の集合」による新しい実数の定義にまで到達するものであり、これが後には「ある性質をもつものの全体」として捉えられる「集合論」への一般的な手掛かりを提供する。フッサールはこの「形式化」において遂行される「厳密な数学の基礎づけ」の現場にいあわせている。これより先、一八二三年にコーシー（一七八九–一八五七）は、ライプニッツの無限に小さな量としての「無限小」に関して、極限移行としての収束条件によって0を極値とする変数の方法を編み出している。ここに連続関数が微分可能であることを仮定してから、極限と関数の連続性について明確にすることができるようになったが、コーシーは実数全体が「完備である」ことにまだ理解が及んではいない。また、ライプニッツは「自然の連続」について形而上学的な確信を抱き、それによって無限小解析としての微積分を運動の表現として曲線に適用している。現代の「集合論」においても、この「連続」が幾何学的方法に補助を求めない厳密規定に関する数学の基礎づけに不可欠な前提である。現代では、「点集合」の完備性と実数直線の連続性とは区別される。この完備性は一八五七年以降、デデキント、カントール、ワイアシュトラスらによって解析学の基礎づけを通じて次第に解明されたものである。カントールは、初めベルリン大学でワイアシュトラスのもとで学び、三角級数の研究によって「一意性定理」を明らかにして、実数の有界部分集合の集積点を「導集合」として案出したが、一八七二年デデキントにスイスで出会った後、「集合の集合」という構想を抱き、デデキントとの数年におよぶ文通によって、それを連続や次元の概念にまで洗練させている。それは「濃度」を備えている「無限部分集合」やある区間においていたるところ「稠密な集合」として定義される。カントールは一八七二年、『多様体論への寄与』という論文で「n-次元ユークリッド空間」の点全体が、直線上の点全体と一対一に対応することを発表する。カントールは「整列順序集合（eine wohlgeordnete Menge）」という全ての元が相互に予め与えられた一定の継起として関係づけられたものを一八八三年頃までに理論化している。これは順序と基数からなる「超限数」による無限であり、それはまた、従来の「神学的無限（人間には不可能とされる否定的概念）」ではなく、生成する過程として「数学的無限」である。それによって、カントールは自然数列の必然的延長として「超限順序数ω」の無限列の生成原理を示している。その部分列が「濃度」と呼ばれる。デデキントは一八七二年から七八年頃までに思考対象としての「集合（System）」にたいする演算を導入して、実数に当てはまる算術が演算として連続を有していることを明らかにする。それによって、代数構造と解析構造とが同時に含まれる「距離空間」を把握して、「位相幾何学」を創始している。デデキントの理論の発端は、先立つリーマンによる「n-重の拡がり」に触発されたものである。これは一九世紀の数学界における数学の基礎づけに関する二大潮流に含まれる。一方では、論理学の記号代数化への動向があり、他方で、極限の厳密な定式化があり、

解析学はユークリッドの公理に代表されるギリシア以来の幾何学的な基礎づけでなく、「数論」によって理論化される形式化への胎動を有していたのである。「厳密な形式化」は定理で表わされ、ワイアシュトラスは連続関数に関して次の様に述べている。即ち、「閉区間[a, b]においてf(x)は連続とする。しからば任意にε＞0を取るとき、「閉区間[a, b]において常に|f(x)－P(x)|＜εなる多項式P(x)が存在する」と。これは閉区間において連続関数に一様に近似する多項式が存在することを示すものである。この定理をよりどころとして、「数は同質な事物の確定的量に他ならない」とされ、実数の大小の定義から数の集合Sが上方または下方に有界ならばSの上限、または下限が存在することが実数の連続性に関する基本定理として証明される。こうして数えるという操作が事物や現象の総体を捉えることへ類比的な方法で結びつくことになる。二つの集合間の関係は変量や関数として表わされ、一方が連続的に変わることは一七世紀以来、微積分として開発された無限小解析の方法に導かれる。この解析学は自然における「流れる量」と呼ばれ形式技術として理解される。現代では解析学は関数の集合として「多様体論（点集合における近傍の理論）」へ発展する。高木貞治『解析概論』改訂第三版、岩波書店、一九八三年、二八四頁参照。

（7） Karl Schumann, *Husserl-Chronik*, Den Haag 1977, S. 6–10.

（8） James Philip Miller, *Numbers in Presence and Absence*, in: *Phänomenologica* 90, Den Haag/Boston/London 1982, S. 13–14, 109–129.

（9） 一八九一年頃のフッサールでは、ある概念や内容を代表象する「集合」としての「多様体」が、アルゴリズムによる計算を遂行する操作を通じて実在の形式を提供している。「多様体」は心的機能と呼ばれる計算を遂行する操作を介して対象へ関係する。アルゴリズムとしての「記号計算」はユークリッドの時代（前三五〇頃）から発見されていたが、『幾何原論』第五巻の「比例論（不可通約数）」は、一八七〇年頃デデキントによって「集合」にとって連続を提供する「無理数論」を通じて再発見される。James Philip Miller, *Numbers in Presence and Absence*, S. 15–19; Ingeborg Strohmeyer, *Einleitung der Herausgeberin*, (XXI, IX–LXXII); Vgl. *Euclidis Elementa*, ed. I. L. Heiberg, Lipsiae 1883–1916.

（10） デカルト（一五九六―一六五〇）は「普遍数学」について『精神指導の規則（第四則）』で、数学的対象を思考の抽象（事物の質的特性の捨象）とするアリストテレス（前三八四―三二二）の『形而上学』（第一三巻第六章）に遡り、「順序」と「計量」のみが数学に関わり、この二つの原理を説明するものが「普遍数学」であると規定している。ただし、『精神指導の規則（第二則）』では真理への探究の方法が確実性を備えるため「数論」や幾何学の論証によって基礎づけられるとしている。そこで、デカルトに倣って考案されたライプニッツの「普遍学」は、「質に関する学」として構想されている。ライプニッツはデカルト同様に代数を手本にしており、全ての概念や理念を記号を通じて表わそうとしている。そして、ホッブス（一五八八―一六七九）のように精神の働きを一種の「演算」と見なしている。ライプニッツにおいて「等値性」は「真理であり続けながら、あるものに他のものを置き換えることのできる場合において等しいことである」と定義される。ライプニッツの「普遍学」は広い範囲の「結合法（ars combinatoria）」に含まれる統合的な特性をもつ。「純粋数学」は無矛盾を不可欠の公理とするが、その要素abcについて「結合法」によって新たな対象を産む「順序公理」を要請する。この順序は「a(bc)＝(ab)cやa≠bならばac≠bcまたはca≠cb等である」という結合法則によって成り立つ。このような純粋形式論は空虚形式という論理的な鋳型によって基礎的な「定義」を提供する。つまり、「普遍学」は数学的な論理学の始まりとして理解しうる。ライプニッツは妥当な推論を定義によって概念の組み合わせに分解して正当化する方法を提案する。誤った推論は計算上の誤りと見なされる。この演算形式は精神の働きに見出される「哲学的文法学」である。デカルトが最初に「普遍数学」を構想したのは、論理演繹という方法を認識の普遍的な方法と見なしたからである。ライプニッツはこのデカルトの方法を推論一般にまで計算によって適用しようとする。演算は多義的ではなく「形式において（in forma）」一義的に帰結の真理を保証する。「AとBが命題であって、AがBであると言うとき、私はAがBにしたがうと理解する」と言われる。このようにして命題は概念を表示し、抽象的に計算される命題計算によって真理が決定される。代数記号として計算される意味の体系は計算言語として「普遍的特性言語（lingua characteristica universalis）」と呼ばれる。それは哲学的に理解される文法にしたがいながら、その法則は形式としての計算に相当する。計算は代数計算や無限小解析の形式手続きに相当する。このようなライプニッツの示唆を通じて、一八世紀から論理学者たちは論理学における演算と代数学におけるそれとの類似に気づき、代数演算を表わす記号を論理学に導入するようになったのである。ライプニッツでは二つの概念の論理積は［AB, A＋B］で表わされ、排他的論理和は［A＋B］で表わされる。この形式計算を行う演算記号の解釈を通じて一般性が主題とされるとき、算術計算は拡張され、そこから新たに公理論が切り開かれてゆく。記号を使用することは関係を表示することであり、計算を簡略にしたり、計算を支配する「統辞論」を見出すことになる。このとき、記号法の目的は、認識の単純化と存在の内部構造との合理的な解明である。従来の幾何学的推論は記号を介して操作的に計算されるものとして理解される。この形式的に捉えられた言語領域には思考の法則が示され、それが現代における「数理論理学」の濫觴となる。

René Descartes, *Regulae ad directionem ingenii, Oeuvres de Decartes*, publiées par Ch. Adam et Paul Tannery, Paris 1966; Vgl. *Die philosophisechen W. Leibniz*, hrg. C. I. Gerhardt, Berlin 1875–1890, Hildesheim 1960–1961, Band VII, S. 228–235.

（11）Bernold Picker, *Die Bedeutung der Mathematik für die Philosophie Edmund Husserls, Philosophia Naturalis* 7, New York 1961, S. 275–276.

（12）Bernhard Rang, *Einleitung des Herausgebers*,（Vgl. XXII, IX-LVI）.

（13）吉田耕作『解析学Ⅰ』（『数学の歴史』九）共立出版、一九八六年、八—一六頁参照。

（14）（XVIII 171-172）. 信木晴雄「グラスマンのベクトル空間構造」（『*Studia Humana et Naturalia*』37）京都府立医科大学、二〇〇三年、八一-九三頁参照。信木晴雄『自然哲学におけるn-次元多様体』国際出版研究所、二〇〇三年、一七-二四頁参照。

（15）ボルツァーノは、「ロマン主義哲学」がドイツ思想界を席巻していたとき、果敢にもカント主義を退け、他方で認識の段階（明瞭・連合・系統・方法）を示したヘルバルトの「自然哲学」を介してライプニッツの「普遍学」の立場を採択している。当時、新カント派に対抗して、「ボヘミアのライプニッツ（der böhmische Leibniz）」と呼ばれたボルツァーノの提起する「命題自体」は、われわれの思考領域と同じく神の思考においても捉えられうるものとされる。世界はモナドロジーにおけるように調和的な全体として理解される。ボルツァーノが明証的な分析的命題とするのは、表象を変換することを通じても少なくとも唯一の表象に関して、その普遍的な妥当を維持するものである。彼が数学において分析命題や形式命題の例に挙げているのは、［（a＋b）c＝ac

＋bc〕という等式である。この「表象変換」の方法はフッサールでは、『算術の哲学』の集合結合によって表わされており、さらに『論理学研究』では分析判断に関して述べられる。これは、後年、『経験と判断』では本質洞察の方法（自由変項）を提供することになる。ボルツァーノにおいて相互に直接作用を及ぼしあうのは単純な実体としての「単体（einfache Substanz）」であり、ライプニッツの「単子（Monade）」から由来する。ボルツァーノが宇宙を組み立てる原理として求めたのは「支配実体」と「従属実体」の複合において働く連続であり、その形而上学の模範とした哲学者もライプニッツである。レンプによるとフッサールは自らのモナド概念が必ずしもライプニッツに忠実に従うものではないことを表明しており、それはフィンクによっても広められた周知の事実である。その理由は、フッサールにおいて主観の集合としてのモナドは、ライプニッツの想定したような事物には認められないからである。フッサールのモナドはまた意識流において見出される具体的かつ普遍的な主観を意味する。しかしながら両者のモナドは現象の複合において最初に求められるべき絶対的な端緒としての単純概念という原理的な性格を共有する。マールバッハによるとフッサールのモナド概念は現象学的還元における主観統一であり、その具体的な流れに人格的な自我が帰属する。

Bernard Bolzano, *Paradoxien des Unendlichen*（1851）, hrg. Fr. Přihonsky, Leipzig 1921, S. 112, 120–121; Vgl. Friedrich Kambartel, *Einleitung des Herausgebers*, in: Bernard Bolzano, *Grundlegung*, Hamburg 1963, S. XXVIII; Vgl. Georg Römpp, *Husserls Phänomenologie der Intersubjektivität*, Dordrecht/Boston 1992, S. 191–196, 202; Vgl. Eduard Marbach, *Das Problem des Ich in der Phänomenologie Husserls*, Den Haag 1974, S. 305, 310–313.

（16）　ライプニッツとヒルベルトにおいて空間は直観的把握をこえたものであり、普遍的な秩序の根源性を提供するという純粋数学上の意義を備えているのである。カッシーラー（一八七四―一九四五）はライプニッツとヒルベルトのそのような思想的結びつきに関して、次のように述べている。「現代数学の発展は、ライプニッツが数学にたいして設定した理想にますます忠実に意識的に接近している。純粋幾何学の内部においては、このことはそこで次第に形成されていった空間という普遍概念に即して最も判明に示されている。計量的関係の射影的関係への還元は、空間が量として規定される以前に可能的共在の秩序としての根源的質的性質において捉えられねばならないというライプニッツの思想を実現するものである。射影的空間の点を産出する調和的構成の連鎖は、この秩序の像を提供するものであり、この秩序の価値とその完全な認識可能性とは、それが感性的に在るものとして捉えられるのではなく、思惟による相対的措定の歩みにおいて構築されるということに根拠づけられている。点や線や面のような幾何学の要素的内容を直観から採ることは構わないけれども、これらの内容の統合に関するものは、全て純粋概念的に導き出され会得されうるものでなければならない。この意味で近代幾何学は間という一般的関係のような、最初はそれ以上分解不可能な感性的存立であるかのように見えた関連をそのような制約から解き放ち、自由な論理的使用にまで高めようと努めている。この関係が意味するものは、その関係を表現する流動的な感性的素材が捨象された統合の一定の公理によって定められるものでなければならない。そしてこの公理のみから関係は内実をうるのであり、その内実とともに関係は数学的演繹に入り込むのである。この拡張によってわれわれは間の概念を当初それが理解されていた直観的内容から独り立ちさせ、それが指している関係がもはや直接的・直観的相関物を有さないような系列にも適用できるのである。しかしこの捉え方は、空間的な並存と疎隔という特定の秩序を可能な秩序づけ一般の普遍的体系に組み込もうと努めることによって、より一層拡大される。ここでわれわれは再び、数学のライプニッツ流の根本的発想に引き戻される。それによれば数学は、大きさのではなく、形式の、量のではなく質の普遍学である。したがって結合法は、所与の要素の結合の数の理論ではなく、統合の可能的諸様式一般とそれら相互依存の一般的表示であると理解される限り、真の基礎学(Grundwissenschaft)となる。…(中略)…通常のユークリッド幾何学が扱う点は、われわれがこの点にたいして展開した個々の定理の演繹的連関を変えることなく、次々に球や円と、あるいは楕円的ないし放物線的球束の逆点対と、あるいはまた特殊な幾何学的意義を持たない単なる三組の数と、置き換えられうる。それ故この連関は、その時々にそれを表現することもある素材的基礎からは切り離され、それ自身でその法則性において定められうる固有の純粋に形式的な規定をなしている。数学的概念形成において特殊の要素は、それがそれ自身で何であるかによってではなく、ある普遍的に妥当する統合と秩序の形式にたいする例としてのみ理解される。…(中略)…純粋数学の方法のこのような捉え方は、ヒルベルトが幾何学の公理を誘導し表現するために用いた手法において、最も先鋭に表わされるに至った。出発点となる点や直線の概念を直観の直接的所与と考え、したがってそれらに変わることのない内容を初めから刻印するユークリッドの概念規定とちがって、そこでは根源的な幾何学的対象の存立は、それらがしたがう条件のみによって規定される。出発点はわれわれが設定し相互の無矛盾性が証明される一連の公理群である。諸要素にたいしてわれわれが与えるべしと判断する全ての性質はわれわれが基礎に置いたところの、それらを結合する規則のみから生じてくる」(Ernst Cassirer, *Substanzbegriff und Funktionsbegriff*, Berlin 1910, S. 119–123. カッシーラー『実体概念と関数概念』山本義隆訳、みすず書房、一九七九年、一〇四–一〇六頁参照)。

(17) 公理論的に構成される「集合論」は、「集合」の概念に適当な制約を設け、逆説の出現するような巨大な全体者をひとまず排除しようとする修正の試みである。ヒルベルトが仮定した「算術の公理」は「数論」自身の中では形式的には証明不可能である。全ての公理系からは常に無矛盾が専一的に導出されえないことも、一九三〇年ゲーデル(一九〇六—一九七八)の論文『形式的に決定不可能な命題について』によって証明される。ゲーデルはヒルベルトのプログラムを破壊したが、かえって経験に基づく実在に何らかの意味で対応する公理を仮定する正当性を極めて論理的に明らかにする。公理は幾何学的には点・直線・平面等であり、それらが空間上における位置や理念的に可能な空間形態を純粋に演繹的に導出するための本質法則となる。カントール自身の「集合」の定義も実在と無関係なものではなく、次のように明言されている。「集合とは我々の直観や思考の定まったよく区別できる対象を一つの全体に纏めたもののことである」と。Vgl. Georg Cantor, *Beiträge zur Begründung der transfiniten Mengenlehre*, in: *Gesammelte Abhandlungen mathematischen und philosophischen Inhalts*, Berlin 1932.

(18) 自然の内奥に立ち入ろうとしたリーマンに最も影響を与えたのは、ヘルバルトの「自然哲学」である。ヘルバルトは経験的矛盾を修正する立場からカントに反対した数少ない自然哲学者である。ヘルバルトによると、経験形式として役にたつ概念はその起源を経験の中に持つべきである。彼は経験を修正することによって矛盾のない知識体系の構築を試みている。経験概念における変化を説明するため「可想空間」が考案される。それは連続空間であり、不変の実在が結合する「可想空間」である。リーマンが空間について「質的原子」によって論理的な同一性を保持するというヘルバルトに依拠する観点は、物質が性質の複合体であることや色彩が連続的に変化する点において示される。「n-次元多様体」はこの連続的変化を示し、数学的変移として物理的所与に関する「計量」を備えている。ヘルバルトはゲッチンゲン大学で一八三三年から彼の死の年、一八四一年まで「実在者（Realen）」による「自然哲学」を教えている。リーマンの時代には、生理学も心理学も、概念的に与えられる「定性的なもの」についてできるだけ「定量的」に捉えようとする方法論が採用されている。これは微分法が発見された当時、これで自然学は科学的に扱われることが可能になったと確信されたことに由来する。自然に関する理論には、そこにどれだけ数学が含まれているかによって、それが科学として認められる度合いが決定するということが通念であった。リーマンは「多様体」によって知覚における認識論を新たに展開した。

Vgl. Erhard Scholz, *Geschichte des Mannigfaltigkeitsbegriff von Riemann bis Poincaré*, Boston 1980, S. 94-95.

九鬼周造『西洋近世哲学史稿』下、（『九鬼周造全集』第七巻）岩波書店、一九八一年、二六頁参照。

（19）対応する「多様体」が連続であるか離散的であるかは所与の概念によって決まるので、概念の規定法が「多様体」を産みだすと言われる。「様々な規定法をゆるす一般概念が存在するときだけ量概念というものが可能である。これらの規定法のうちで一つのものから別の一つのものへ連続な移行が可能であるかあるいは不可能であるかにしたがって、これらの規定法は連続あるいは離散的な多様体をなす。個々の規定法を前者の場合、この多様体の点と言い、後者の場合、この多様体の要素と言う」。このリーマンの立場では、「多様体」は概念から形成される「集合」であり、このような数学的関心のもとに考察されるのは「連続多様体」になる。「日常生活ではおそらく感覚の対象の位置と色彩との二つだけが、その様々な規定法が多重延長多様体をなす単純な概念である。その様々な規定法が多重延長多様体をなす単純な概念を作りだし仕上げてゆくより多くのきっかけは高等数学において初めて見出される」。ここで、リーマンは「連続多様体」に「定性」を付与して、数学が単に定量的であるという限界を越えようとしている。「連続」は「無限」としては否定的な仕方で定義されるが、ここでは表象可能なものの「極限」にあると想定される。リーマンは「極限」について「自然哲学」において「連続」を用いたアリストテレスの「自然の斉一性」の正当化を試みている。「ニュートンが無限小計算の基礎づけに用い、今世紀初頭以来、最良の数学者たちによって唯一のものと見なされてきた方法は、確実な結果を与えるものである。この方法が極限の方法である。この方法はある量のある値から別のある値に連続な移行を行う代わりに、あるいはある概念の規定法から別のある規定法に連続な移行を行う代わりに、有限個の中間段階を経る移行をまず考え、次にその中間段階の個数を増やして二つの中間段階の間の隔たりを、どれも無限小に減少せしめるものである。量の関係を除けばその概念系は極限移行によって不変に保たれる。しかし極限において、この系の相関的な諸概念のうちの若干のものは、その表象可能性を喪失する。例えば、他の諸概念の間の関係を表現するような概念などである」。ここには証明を出来るかぎり概念を通じて遂行しようとするリーマンの数学的な理想が読み取られる。だが、「連続」や「離散」という「多様体」の区別は公理論的には曖昧さを残すものであって、集合論的-位相構造によってより明確にされるべき余地が残されている。このようにして理解された「多様体論」は関数論や微分幾何学に発展する。微分可能な計量空間である「多様体」は、距離関数を備えた「点集合」としても理解されており、したがって微分形式の性質と空間の内的性質とが、自然現象の統一的な解釈に応用されることになる。

Vgl. Detlef Laugwitz, *Bernhard Riemann*, Basel 1996 ; Vgl. Riemann, *Gesammelte mathematische Werke*, neu hrg. Raghavan Narasimhan, Berlin/Heidelberg 1990, S. 272-287（ラウグヴィッツ『リーマン』山本敦之訳、シュプリンガーフェアラーク東京、一九九八年、三六二頁参照）. 近藤洋逸『幾何学思想史』（『近藤洋逸数学史著作集』第一巻）佐々木力編集、日本評論社、一九九四年、二三二—二三七頁参照。

（20）Erhard Scholz, *Geschichte des Mannigfaltigkeitsbegriff von Riemann bis Poincaré*, Boston 1980, S. 113-123.

（21）Husserl, *Zur Logik der Zeichen*,（Vgl. XII 340-373）.

（22）Lothar Eley, *Einleitung des Herausgebers*,（Vgl. XII, XIII-XXIX）; Vgl. Karl Schumann, *Husserl-Chronik*, den Haag, 1977, S. 99; Vgl. Gottfried Wilhelm Leibniz, *La Caractéristique géométrique*, annoté par Javier Echeverría et Marc Parmentier, Paris 1995, S. 82-93.

（23）Robert Sokolowski, *Husserlian Meditations*, Evanston 1974, S. 105.

（24）Ibid., S. 101.

（25）Ibid., S. 100.

（26）Ibid., S. 106.

（27）Ibid., S. 107.

（28）Vgl. Ibid., S. 107–108.

（29）Ibid., S. 102.

（30）Dieter Lohmar, *Phänomenologie der Mathematik*, Dordrecht/Boston/London 1989, S. 173.

（31）Ibid., S. 175.

（32）Ibid., S. 179.

（33）Bernoid Picker, *Die Bedeutung der Mathematik für die Philosophie Edmund Husserls*, *Philosophia Naturalis* 7, New York 1961, S. 266-355.

（34）Ibid., S. 319.

（35）Ibid., S. 329.

（36）Ibid., S. 301.

（37）Ibid., S. 289.

（38）Ibid., S. 315.

（39）Ibid., S. 290.

（40）Ibid., S. 290.

（41）(IX 78); Vgl. Plato, *Republic* X 596A; Vgl. Plato, *Phaedo* 75A-E; Vgl. Aristotle, *Metaphysics* I 990b, XIII 1079a. ἐπί（上に）は超越を表わす。

第一章

（1）フッサールは後年、『危機書』第四八節で、世界と所与の主観的な与えられ方との相関関係のア・プリオリについて、それが既に『論理学研究』を推敲していた段階で発見されていたことを次のように報告している。「この経験対象と与えられ方との普遍的な相関のア・プリオリ（Korrelationsapriori）を最初に思いついたとき（それはわたしの『論理学研究』を推敲している間の、ほぼ一八九八年ごろのことであるが）、それは深くわたしの心を動かしたので、それ以来わたしの全生涯の労作は、この相関のア・プリオリを体系的に完成するという課題によって支配されてきた。本文の省察が進むにつれて、明らかになるのだが、人間の主観性を相関関係の問題圏(Kor-relationsproblematik)に引き入れることは、必然的にこの問題全体の意味を根本的に変更させることになるし、結局は絶対的な超越論的主観性への現象学的還元へ逢着せずにはゆかなかったのである。多くの説明を必要とした現象学的還元が最初に現われたのは、『論理学研究』が現われた、数年後のことであった。超越論的還元における新しい哲学への体系的な導入の最初の試みは、部分的ではあったが、一九一三年に現われた(『イデーン』)。それから数十年間の同時代の哲学は、いわゆる現象学派のそれも含めて旧態依然たる哲学的素朴さに固執することを好んだ。勿論、このように根本的な転換、即ち、生の自然的な様式全体の完全な転倒の最初の発現を十分に根拠づけられた叙述にもたらすことは困難であった」(VI 169-170)。この発見は「多様体論」がきっかけとなっている。存在者は空間-時間的に世界に含まれながら可能的経験による与えられ方の相関関係を有しており、この相関は事実の内に告知される本質必然性と見なされる。実際、上に記した相関関係発見の注は次の文に付されたものである。「われわれはどこから手をつけてみても、次のように言わねばならない。わたしにとってもおよそ考えられうるいかなる主観にとっても現実に存在するものとして妥当している全ての存在者は、主観と相関的であり、本質必然性において主観の体系的多様体の指標(der Index seiner systematischen Mannigfaltigkeiten)なのである。この経験される与えられ方のそれぞれはこの一つの存在者の現出であり、しかもそれぞれの現実的で具体的な経験は、この全体的多様体の中から(aus dieser totalen Mannigfaltigkeit)、経験しつつある志向を連続的に充実してゆく過程、即ち、与えられ方の調和的な過程を現実化してゆくわけである。ところで、この全体的多様体は、現実的な経過にたいして、なお可能的に実現されるべき過程の地平として、全ての経験に、したがってまたその経験において働いている志向に共に帰属している。その都度の主観にとってはこの志向が「われ意識す(cogito)」であり、(最も広義に解された)多くの与えられ方こそが、「意識対象(cogitatum)」であり、それが何であり、またいかにしてあるかという点からしての意識対象なのである。そして多くのこの与えられ方は、それはそれでまた、それらを統一するものとしての同じ一つの存在者を呈示している」(VI 169-170)。

(2)「基づけ」は多様な内容を結びつける。そこには共通の統一形式が内在して、それによって学問体系が理論として統一することになる。「基づけ」を重ねることは認識が上昇することであり、その限りで個別的な「基づけ」は孤立してはいない。「基づけ」は基づけられるものの前提条件であり、後者によって含まれる包含関係と理解できるが、最初に見出されるのは基づけられている側である。「基づけ」は日常生活においても見られるが、同時に学問論的な意義も備えている。「基づけ」は推論を成立させる論理的に理解される法則形式と考えられ、特定の認識領域において妥当する「規整」の働きになる。「理論の統一」は科学哲学では、観察可能な事柄が予め可能な理論を前提にしていることに関係している。これは観察できるものが理論の枠組における「データ付加」として捉えられる（Vgl. XVIII 34-35）。

（3）「現出」は具体的な体験と対象とに区別される。前者において体験された諸契機をさす場合もある。これらが対象を「表象する（客観化する）」と考えられる。そのとき、対象の性質が「現出」すると受け取れる。フッサールは対象の性質が体験された感覚を解釈する統握を通じて「現出」するとしている。「現出する事物の性質は感覚ではなく、感覚に類似するものとして現出しているにすぎない」と言われる。根源的な「現出」は「現出するもの」になる。体験としての「現出」と事物としての「現出」との間には客観化関係が成立する（Vgl. XIX/2, 762-765）。

（4）直観は呈示内容を通じて対象を表象するが、その内容の解釈作用が、「統握（Auffassung）」と呼ばれる。「普遍」を「洞察」することは「代表象」を通じて本来的な対象を見出すことである。「志向の充実化」である客観化には必ず「代表象」が「表象」として含まれている（Vgl. XIX/2, 624）。

（5）フッサールの『論理学研究』第一巻の全集版を編纂したホーレンシュタイン（一九三七―）はヤーコブソン（一八九六―一九八二）の言語学を「構造類型論（Strukuturtypik）」によって「基づけ」の関連と見なし、フッサール現象学と「共通点」を抽出している。それは多様な変異の内に不変項を求める「方法」である。これは数学的な構造の理論に「基づけ」られており、フッサールの出発点でもあった「変分法（Variationsrechnung）」に由来する。これは言わゆる「群論」に展開しており、論理的空間としてその要素の変換を通じても不変に留まる「法則」を表わす。フッサールと同様に、「普遍文法」を掲げたヤーコブソンは、形相的な現象学との接点としてクライン（一八四九―一九二五）の「変換群論」を挙げている。一八七〇年、当時二十三歳でエルランゲン大学に招聘された新任教授クラインの就任講演は、幾何学の問題を解析の方法と総合しようとする自己の立場を表明する『エルランゲン・プログラム』として公表された。「次の論述で必要な最も基本的な概念は、空間的な変化の群という概念である。ある空間の任意個の変換は、結合されて常にまた一つの変換を造る。もし一連の与えられた変換があって、これらに属する変換を結合して生ずる変換がまたこれに属するという性質を持つとき、この一連の変換を変換群と名づけることにする。…（中略）…空間内で単に多重に広がった多様体、即ち、常識に従うことにして、点を要素として三重に広がった多様体を考えよう。このとき空間の変換との類推によって多様体の変換というものを考える。これは勿論、群をつくるものとする。ただし空間の場合と違って一つの群をその内容によって他の群に優先することはしないで、どの群も互いに同じ権利を持つこととする。そうすると幾何学の一般化として、次のより広い問題が起こる。一つの多様体とその中に一つの変換群が与えられたとする。このとき多様体に属する図形についてこの群の変換で変わらないような性質を研究せよ」。

Vgl. Felix Klein, Erlanger Programm, Erlangen, 1872, in: *Gesammelte Abhandlungen*, Ersters Band, hrg.R.Fricke und A.Ostrowski, Berlin 1921（クライン『エルランゲン・プログラム』寺阪英孝・大西正男訳、共立出版、一九七〇年、二七七-七八頁参照）; Elmar Holenstein, *Roman Jakobson's Approach to Language*, transl. Catherine Schelbert and Tarcisius Schelbert, Bloomington/London 1976, S. 22（ホーレンシュタイン『ヤーコブソン』川本茂雄・千葉文夫訳、白水社、一九八三年、一四-一六、三六頁参照）.

（6）「統握」は本来的には志向性を通じて対象が「どのようなものとして」把握されるのかを決める質料的契機に依存する。それは作用性質を基づける質料によるが、範疇的な形式的対象の場合には、対象を同一化する多様な側面を包括する「代表象」として「意識様式」において捉えられる。「統握」は感性的直観の場合は意味質料としての本質を指し、範疇的直観の場合は「把握の仕方」に重点が移行しており、内容を取り込む「事態」を指示する（Vgl. XIX/2, 430）。

（7）従来の日本の研究者によって、「多様体」と「多様体論」はもっぱら数学的な解釈に依拠していたが、それは命題論的な形式によって実在の真理が狙われる「真理の論理学」の観点によって乗り越えられなければならないだろう。フッサールの現象学における「多様体」を論じてきた数少ない研究者である常俊宗三郎（一九三四―）

は次のように述べている。「多様体という言葉は、もともと数学において、カントールによって集合と同義に用いられていたが、後にフッサールが当時の数学の動向から読みとった形式的理念を表すのに用いたもの。この理念が現代数学で展開されている多様体と一致するものであるかは分明ではないが、両者がリーマンの論文「幾何学の基礎となる仮説について」に由来するということで無関係ではない。フッサールの多様体の理念は数論における複素数論への拡大、n-次元ユークリッド幾何学や非ユークリッド幾何学における幾何学の形式的一般化をもとにして形成された。そこでは数、点、線などの諸概念やその結合がすべて記号表記され、結合律、可換律、分配律などの諸法則が取り出されるが、そこでの対象領域は具体的な意味内容が剥奪されて、一定の基本法則によって結合可能な対象の領域として画定され、対象の結合も基本法則によって形式的に規定される。それゆえそこでの公理や証明は現実の対象領域についてのものというより、全て形式化されて公理形式、証明形式とも言われる。したがって多様体論は理論形式の理論とも言われる。このように形式的に一般化して構成された理念に無矛盾を保証するものとして導入されたのが確定的多様体の概念である。フッサールの確定の考えは、ヒルベルトの完全性の公理や決定可能性の概念に近似したものと考えられ、形式的に定式化されていないために疑義を残している」。常俊は現象学において「多様体」が単なる形式の骨組だけには留まらず、理論が命題として形成される範疇に関わることにあまり留意していないように推察される。公理は直観の基礎にある空間や事物という根源概念の事例であることが解き明かされねばならない。「確定性」とは述語づけるさいの規定性であり、それが判断形式によって一義的に決定される条件として無矛盾が前提されなければならないのでもある。「確定性」をになう形式は範疇的に形成される命題形式に関わるものであり、「真理」を保証するものとして実在についても「基づけ」によって関わるからである。常俊宗三郎「多様体」（木田・野家・村田・鷲田編『現象学事典』弘文堂、一九九四年、三一六頁）。常俊宗三郎「学問論としての論理学」（新田・常俊・水野編『現象学の現在』世界思想社、一九八九年、四六―六八頁）参照。

（8） Ernst Tugendhat, *Wahrheitsbegriff bei Husserl und Heidegger*, 2.Aufl., Berlin 1970, S.80-87.

（9） Ibid., S.83.

（10） Ibid., S.80.

(11) Ibid., S.87.

(12) Ibid., S.87.

(13) フッサールは一八九四年に書かれた『志向対象』という草稿で、「表象」の妥当を表わす「真理」のイデア的な性格と心理作用との「合致」のために「多様体論」を導入して説明している。そこでは「客観化作用」による主観的な働きの多様にたいして意味の同一的な統一が強調されている。さらに重要な観点は、多様な作用にたいして主観的な体験そのものが普遍的な能力の同一性のもとに捉えられていることである。「どの対象も（ことにどの主観的働きも）可能な諸作用の未限定の多様体（eine unbegrenzte Mannigfaltigkeit möglicher Akte）における統一点である。たとえ対象自身が実在であっても、この多様体の統一はイデア的なものである。客観的な観点からすると、対象は客観的な表象に関する無限性を視向したイデア的統一である。この表象や意味は対象について妥当する真理の無限に向かって対象を表象する」（XXII 339-342）。

第二章

(1) 「われわれが『論理学研究』で作用または志向的体験と呼んでいたものはいつの場合にも一つの流れであり、そしてこの流れの中でそれ自身の内在的な持続を有し、あるときは速やかにあるときは緩やかに進展する内在的な時間的統一体（判断、願望等）が構成されるのである。絶対的な流れの中で構成されるこれらの統一体は一つの時間をなしている内在的時間の内に同時や同じ長さの持続が（また場合によっては、二個の同時的に持続する内在的客観にたいしては、同じ持続が）さらに前後関係による何らかの規定可能性が存している」（X 76）。

(2) 「内在的内容の明証的所与性と言う場合、勿論この明証性とは音の点的・時間現存についての確実性を意味するわけではない。そのような意味での明証性（たとえばブレンターノはまだそのように解していたのであるが）を私は虚構と考えたい。知覚の内に与えられる内容は時間延長を有するということがそのような内容の本質に含まれているとすれば、知覚の不可疑性とは正に時間延長を有する現存についての不可疑性を意味するであろう。したがって、換言すれば個体的実在（individuelle Existenz）に向けられる一切の問いは最も厳密な意味での個体的実在をわれわれに与える知覚へ帰還することによってのみその答えを見出しうるであろう。知覚以外のものが知覚そのものと尚も混在している限り、知覚の内にはまだ疑わしさが残されている。ところで問題になっているのは内在的内容であり、経験的事物性ではないとすれば、持続と変化、共存と逐次的継起は知覚の中で完全に実現されうるのであり、これまでにもしばしば実際に実現されていたのである。そのようなことは知覚の中で即ち、持続ないし変化する諸内容そのものを最も本来的な意味で構成する正に純粋に直観的な知覚の中で起こるのであり、このような知覚はもはやそれ自身の内に何らの疑わしさをも含んでいない。したがって、根源を問うとき、われわれは必ずそのような知覚へ連れ戻され、そして知覚それ自身はさらにそれ以上の、根源への問いを排除する。よく言われる内部知覚の明証性、コギタチオの明証性は、仮にもわれわれが明証性及び真の所与性の領域から時間延長（zeitliche Extension）を排除しようとするとき、明らかにその重大な意味を全く喪失するであろう」（X 84-85）。フッサールにおいて内的知覚の「明証性」は、具体的な個物の知覚における持続に遡る。それは、具体者が延長する存在として「非独立性」を備えながら、正に「多様体」に帰属する法則性を示すとき、より判明になるものである。『論理学研究』第二巻第三研究第十節は『非独立性という種々のあり方に帰属する法則の多様体』と題されており、全体のあり方において規定されることが「非独立性」として示されている。例えば、視覚的な性質は「質」を持ち、「拡がり」としてしか「存在しえない」という不可能性が、内容の質料的な充填を要求する法則として捉えられる（Vgl. XIX/1, 253-255）。

(3) Gunther Eigler, *Metaphysishe Voraussetzungen in Husserls Zeitanalysen*, Meisenheim am Glan 1961, S.14.

(4) Ibid., S.109.

(5) Ibid., S.99.

(6) Ibid., S.99.

(7) Ibid., S.24.

(8) Ibid., S.25.

(9) Ibid., S.27.

(10) Ibid., S.100.

(11) Ibid., S.101.

(12) フッサールにおいて事物は意識流の継起によって「動機づけ」られた具体的統一を指す。「事物という統一体には、個別的な具体者（das Konkretum）より以上のものが必要である。つまり事物の統一体には（イデア的に言えば）可能性の面から見て無限の多様体（unendliche Mannigfaltigkeit）という、同一形式の具体者が時間的に継続しており、変化および存続という概念の意味で連続的に相互に移行しあい、しかもそのような多様体が因果性の統一によって（単独であれ、同じ事物構成に確定的に属する多様体と一緒であれ）包括されることが必要である。即ち、このような多様体に関しては、何らかの時点での共存する具体者を、特定の、しかし任意に選ばれるような以前の時点での、変化ないし存続という意味でそれらと並列させられている具体者に、一義的に依存させるような一つの合法則性が存立する。変化しあるいは存続する同一の具体者の、あらゆる具体的な変化経過ないし存続経過について語るならば、われわれは次のように言うこともできるだろう。即ち、諸事物は因果的法則性によって統一的に包括された具体者であり、詳しく言えば諸事物は一つの合法則性、即ち、それにしたがえば、何らかの瞬間の具体者の値（すなわち、与えられた瞬間における具体者を構成する諸規定性）によってそれ以後の各瞬間の同じ具体者の値が規定され、それゆえ後者の値は前者の値によって時間の一義的関数として呈示されうるような合法則性に従属する、と言ってもよいだろう」（XIX／1, 261-262）。この合法則性は自由な変化というより、具体者の変化の仕方がその法則性に基づいて「一義的」に規定されることである。因果性においてある瞬間の具体者は以前の瞬間の具体者に依存しており、この「非独立性」が包括的な法則を表わす。フッサールにおいて全体という包括的概念は質料的な内容充実を充填すると同時に部分の「非独立性」によって露呈される形式的な法則を示すことになる。

(13) フッサールが「現象学的還元」を着想したとされる一九〇五年の『ゼーフェルダー草稿』では、「多様体」を通じた「変様」の構造が指摘される。異なった位置から事物の「現出様式」において多様に交代する現出局面に統一秩序を与える法則が「基づけ」である。統一的な形式を可能にする時間-空間の連続には、事物を「同一性」のもとに把握する様式が「多様の統一」として含まれているからである。ここには「見る」という広い意味での「理性」が、対象を秩序づける働きとして前提され、それによって「現出」を統一する法則が露呈される（Vgl. X 94-95）。

(14) フッサールは一九三〇年代半ばには、「具体的事物の宇宙」として「生活世界の存在論」を提起する。それは直観における相対的な流れの様態において不変の構造を備えたものであり、「超越論的-主観的な所与様式の多様体」への帰還を要請したものになる。学問の領域は純粋直観から汲み尽くされる具体的存在論に基づけられ、「演繹可能な宇宙」というア・プリオリな体系にしたがって展開されると言われ、論理学も理性性格をもつ「先論理的な領域」から発出するとされる（Vgl. XXIX 140-160）。

第三章

(1) Iso Kern, *Husserl und Kant*, Den Haag 1964, S.31.

(2) エドムント・フッサール『現象学の理念』立松弘孝訳、みすず書房、一九六五年、一四六頁（訳注）参照。当該箇所の立松弘孝による（訳注）には「的中性」という語が、まだ『論理学研究』や『内的時間意識の現象学』では用いられていなかったが、『理念』において初めて現象学的な術語として本来的に認識と対象との関係として導入されるようになったことが報告されている。「現象学的還元」の萌芽が初めて登場するのは一九〇五年の夏休暇に記述された『ゼーフェルダー草稿』からであった。フッサールはプフェンダー（一八七〇―一九四一）に一九〇四年、ミュンヘンで出会い、プフェンダーの『心理学入門』（一九〇四）に感銘を受け、翌年チロルアルプスのゼーフェルトで夏期休暇を共に過ごしたとされる。フッサールは自分の『論理学研究』のような純粋論理学の研究をプフェンダーにも書くよう促したが、プフェンダーの現象学は生き生きとした人間の意識において現実性を獲得するような認識の働きを主眼に置いたものであった。プフェンダーはフッサールの「現象学的還元」の意義を理解しようとせず、フッサールはこの断絶によって少なからず失望させられた。フッサールとは袂を分かつことになったプフェンダーは三五年間ミュンヘンで教え、両世界大戦後、弟子達は記述的心理学の枠を越え、論理学や存在論、倫理学、社会哲学の分野に拡散していった。

Walter Biemel, *Einleitung des Herausgebers*, in: *Husserliana* Band II, S.VIII;（Vgl. X 237-253）; Vgl. Herbert Spiegelberg, *The Phenomenological Movement* Vol.1 sec.ed., The Haag 1978, S.174-175; Vgl. Alexander Pfänder, *Philosophie auf phänomenologischer Grundlage*, hrg. Herbert Spiegelberg, München 1973, S. 37.

（3）「合致」は広がりをもった意識における体験であるが、それはまたイデア的一致としての「真理の体験」であり、そのためには「多様体」を必要とする。「合致」は幾何学的に捉えられる合同性や「重ね合わせ」を表現する。「判断作用が判断するものと言表（Aussage）が言い表わしているものは常に同じである。それは厳密な語義において同一であり、同一的な幾何学的真理（eine und dieselbe geometrische Wahrheit）なのである。言表が述べていることがたとえ誤りであろうと、あるいは全く不合理であろうと、どの言表の場合もそうなっているのである。このような場合にもわれわれは真と見なしたり、言表したりする一時的な体験からそのイデア的内容を、つまり多様体の中の統一（Einheit in der Mannigfaltigkeit）としての言表の意味を区別するのである。われわれは明証的な反省作用の中でも、そのような意味を、そのつど志向の同一なものとして認識するのであり、われわれはそのような同一的意味を勝手に言表に挿入するのではなく、言表の内にそれを見出すのである。可能性ないし真理が欠けている場合には、言表の志向は、もちろんただ記号的にのみ遂行されるに過ぎない。直観や直観に基づいて行われる範疇的機能からは、言表の志向はその認識価値を形成する充実を汲み取りえないのである。その場合その志向には、よく言われるように、真の本来的な意味が欠けているのである。後にわれわれは、志向する意味と、充実する意味との間の、この区別をより精確に究明するであろう。これら互いに共属的なイデア的統一体がその中で構成される種々の作用を性格づけ、そして認識の中でのそれらの諸作用の顕在的な合致の本質を明らかにするということは困難かつ広範な研究を要するであろう」（XIX/1, 50）。
（4）Klaus Rosen, *Evidenz in Husserls deskriptiver Transzendentalphilosophie*, Meisenheim am Glan 1977, S.60-61.
（5）Ibid., S.75-76.
（6）Ibid., S.141.
（7）Ibid., S.146.
（8）Ibid., S.147.
（9）Vgl. Ullrich Melle, *Einleitung des Herausgebers*（XXIV, XXX）.
（10）フッサールは意味領域の形式構造について、それが形式結合においても当該領域が守られる限りでは、対応する実在統一も毀れないことを洞察している。このことは相互に一致するものの間の意味範疇における複合形式が、まず演繹形式にしたがうことを示唆すると受け取れる。それはまた、意味の基本構造がまず理論理性による構成であるとされているからである。「伝統的論理学の視野で問題になる形式論理学的諸法則やわれわれの構造法則においては、そのような諸名辞（Termini）は変項（Variable）として機能しており、そしてその可変性の範囲（der Bereich der Variabilität）を限定する諸範疇がそれら諸名辞の諸範疇になっている。これら諸範疇を学問的に確定することこそ明らかに、われわれが意図する形式論の最初の課題の一つである。ところで、以上で示された基本的諸形式の中で単一的名辞を次々に消去し、その代わりに正にこれら諸形式の結合をそこに代入し、しかもそのさい常に基本的な実在法則を適用するとき、任意に複雑に接合された新しい諸形式が、演繹的に確実な妥当性を備えた諸形式として獲得される。例えば連接的な命題結合に対しては（M and N）and P，（M and N）and（P and Q），{(M and N) and P} and Q 等の諸形式が獲得される。選言的および仮言的命題結合や、その他任意のどの意味範疇の結合様式についても同様である。直ちに理解される通り、これらの複合は概観可能な組合わせの様式に従って無限に（in infinitum）進展するものであり、また新しい結合形式はいずれも、諸名辞の可変性の領域（die Sphäre der Variabilität）としての、同じ意味範疇に常に拘束されており、そしてこの領域が遵守されている限り、それに基づいて形成される全ての意味結合は必ず実在する、即ち、必ずある統一的意味を呈示するはずである」（XIX／1, 339–340）。この可変性の範囲を指定する意味規定の範疇が「多様体」における形式である（Vgl. XXIV 329）。

（11）フッサールは、意味内実を充実する志向に眼差しを向ける態度変更において、体験そのものが自己現在化されるとしている。なぜならば客観化にさいして対象へ向かうか、体験に向かうかによって、射影する意識による構成自身が把握されるからである。志向体験と意味内実とのいわゆる相関関係には客観的な事物現出のア・プリオリな構造が既に想定されている。『理念』の続編とも言うべき『事物と空間』（一九〇七年の講義と一九一六年の補遺からなる）では、理性によって動機づけられるとされる客観性は、「厳密」には次の様に細目化されている。「客観性としてはわれわれは何を区別すべきであるか。(a)丘自身、その斜面に自らを呈示するもの：(b)そこに丘が自らを呈示する、丘が現出する斜面。(α)感性的内容の延長：そこで諸平面が自らを呈示する（本来的な現出に至る）、延長の感性的充実、そこに客観的色づけが自らを呈示する感性的充実の重なり（Überdeckung）。この延長の一部は相互に明白に際立つ個々の芝や花々に帰属して、同じように一部は全体的色づけが帰属する。(β)呈示の延長をなすもの（したがって、呈示はこの場合、本来的な現出をなす）、延長する充実によって一つの意味（Sinn）、即ち意義（Bedeutung）を与えるもの。(γ)事物のもとにある或るものとして即ち、事物の側面としてαとβの統一体を現出させるもの」（XVI 145）。このようにして、本来的な現出とは一連の態度変更によって体験を新しい作用性格のもとに捉えるとき様々な内的契機の結合を通じて多面に考察されうる。事物の統握には様々な把握の可能性、方向が多様に含まれ、それは「形相」として対象の統一把握へと向かう意識をなしている。現出には、この統一する意識の関心、即ち、精神的な態度が必ず伴っている。そのために「現出様式」には判断の遂行が対応して、実践的な真理規定への存在関心が現われることになる。

(12) フッサールは「内的時間意識」における志向の「同一者」としての時間客観の統一を考察した一九〇五年八月の『ゼーフェルダー草稿』において、現象学的還元の原型を発見している。

Karl Schuhmann, *Husserl*-Chronik, Den Haag 1977, S. 92.

(13) 「基づけ」の法則関連は内実に関する接合であるが、本来的には理性が支配する推論によって統一される。「推論形式は命題結合による無限の多様体（unendliche Mannig-faltigkeit von Sätzeverknüpfungen）を支配する類概念を代表する」と言われている。この法則性が学問の体系を構成する。基づけの共通点は「全てのAはBである、XはAである、故にXはBである」という推論によって明瞭に表現される包含構造を備えていることである。「基づけ」の統一は認識の統一として「事象に伏在する（liegt in den Sachen）」とされるが、推論そのものは、認識領域から独立に成立妥当する形式である。この独立性によって、基づけは学問の進歩という普遍的な目的に寄与し、概念を結合する操作や計算法の一部とされる（Vgl. XVIII 30-33）。

(14) Eugen Fink, Die phänomenologische Philosophie Edmund Husserls in der gegenwärtigen Kritik, in: *Studien zur Phänomenologie* 1930-1936, Berlin 1966, S. 79（フィンク『フッサールの現象学』新田義弘・小池稔訳、以文社、一九八二年、一三―一四頁参照）.

第四章

(1) 後年、フッサールは『論理学研究』(一九〇〇／一)において「現象学的還元」の着想が既にあったことを示唆している。初歩的な「現象学的還元」の遂行について『イデーン』(一九一三)では、次のように述べている。「求められた領域が見い出されるべきだとすれば、それはまず第一に、形相的なもの一般の普遍的な正当化において、次に、現象学的還元の教説との連関において、特に形相的なものの遮断としてなされる。ところで、この形相的なものの遮断ということは、勿論、制限を受けざるをえなかったわけで、あらゆる意味における超越的な個的対象性の形相学(Eidetik)だけを遮断するわけである。…(中略)…私にとって少なくとも、この第二の歩みは第一の歩みの後でも尚、非常に困難なものとなっていた。このことは『論理学研究』の注意深い読者から免れることはない。『論理学研究』では、全く断固として第一の歩みが完遂され、形相的なものの心理学化に反対して、形相的なものの固有の権利が、詳細に基礎づけられている」(III 116-117)。尚、現在、『イデーン』は一九五〇年のビーメル版と一九七六年のシューマン版とがある。本論は入手可能なシューマン版の頁づけによるが、(III/1)という表記では、次にくる頁数と紛らわしいのであえて(III)によって示す。また一箇所、注の(17)においてシューマン版の付録巻を用いたので、これは(III/2)によって示す。

(2)「超越論的観念論」における「質料的ア・プリオリ」という概念は『論理学研究』では、多様な内容によって基づけられる新しい高次の内容や「範疇的直観」にその「原型」が見出される。そこでは、形式が本質を「規整」するものとして導入されていた。「基づけ」はア・プリオリな「存立不可能性」として非独立性を積極的な意味法則として表明している。「全て真に統一するものは基づけの相互関係である。独立的な対象の統一も基づけによってのみ成立する。それらの対象は、独立的なものとして、相互に基づけられてはいないので、それらの真の統一の仕方としてはそれら自身が、しかも一緒になって、新しい内容を基づけるということ、即ち、今や正にこのような事情のために、基づける分節肢に関して、統一賦与的な内容と言われるような内容を基づけるということのみが残っているにすぎない。…(中略)…そのような一つの内容が統一と呼ばれる場合には、統一は無論、実質的な述語、積極的な、実質的な内容であり、その場合にはこの内容を含むような全体以外の他の全体は、この意味では統一をもたないのであり、またその場合にはわれわれはもはや決して独特の統一契機が、統一された分節肢の各々と一体化している、とは言いえない。…（中略）…したがって、われわれが全体に統一を与える形式という概念とはやはり区別している統一契機という概念に関して最後に言えば、多数の内容によって基づけられている一つの内容、しかも全ての内容によって基づけられているのであって単にそれらの内の個々の内容によってのみ基づけられているのではないような一つの内容を意味する」。「基づけられた統一」は、このような内的な局面を通じて統一される「現出者」に対応する（Vgl. XIX/1, 286-288, 302-303）。つまり、「基づけの概念」は内的内容の本質法則として意味対象に拡大され実在を規定するため、現象一般を包括する「超越論的観念論」に展開することになる（Vgl. III 21）。

（3）　フッサールは「超越論的観念論」を通じて、『論理学研究』と『イデーン』とを繋ぐ「学問の基礎づけ」を意図していた。フッサールは『イデーン』では「超越論的観念論」による原理論を述べていたが、その応用篇として『イデーン』第Ⅱ巻で物理的自然（自然一般）と心的自然と精神によって三種類の領域的存在の階層構造を論じている。この『イデーン』第Ⅱ巻は一九一二年から二八年にかけて推敲されたものを中心にしている。一九一六年にフッサールは一九一五年までに仕上げた最初の完成原稿をシュタイン（一八九一—一九四二）に清書させたが、それに基づき、引き続きシュタインは一九一八年にさらなる加筆を含んで倍増した原稿を清書した。一九二四年から五年にかけてフッサールの助手であったラントグレーベ（一九〇二—九一）はフッサールが加えた注記や修正、メモを取り込み、いわゆる「タイプ原稿」を作成した。そして、この原稿に原著者が加えた多数の補足や修正を顧慮して、現在の『イデーン』第Ⅱ巻は成り立っているが、残念ながら全体としての纏まりには不分明な箇所がある。『イデーン』第Ⅲ巻は、一九一二年にフッサールが書いた「学問論」から成立している。

Marly Biemel, *Einleitung des Herausgebers* (IV, XIV-XVIII).

（4）　「超越論的観念論」は絶対的な「意識流」による志向的な構成を究明する。そこでは「純粋意識」を取り出すエポケーの遂行によって「多様体」が「現出様式」として露呈される。世界が私にとって存在することは、世界が「妥当」として私によって構成されることであるとされる。「あのエポケーによって、純粋にそのものとして見られた限りにおける、意識世界という普遍的現象にたいする、視界が自由に開けてくる。即ち、意識世界は純粋に、多様に流れ去りゆく意識生活のうちで意識されたものとして、捉えられることになる。意識世界は、多様な合致し合う経験の内で原的に現出するものとして捉えられ、そのような合致の際には、現実的に存在する世界として意識によって性格づけられる」。現象学はエポケーの遂行によって獲得される世界の意味を「意識流」の自己構成として解明するため「普遍的観念論」と呼ばれることになる。

Husserl, *Nachwort*, Halle 1930, (V 145, 152).

(5) Ludwig Landgrebe, *Der Weg der Phänomenologie*, Gütersloh 1963, S. 143.

(6) Ibid., S.146.

(7) Ibid., S.147.

(8) Ibid., S.156.

(9) Ibid., S.158.

(10) Ibid., S.159.

(11) Roman Ingarden, *On the Motives which led Husserl to Transcendental Idealism*, Warszawa 1963, transl. Arnor Hannibalsson, Den Haag 1975, S.66.

(12) Ibid., S.31.

(13) フッサールは「超越論的還元」の働きによって相互に転化すると言われる「現象学的心理学」と「超越論的現象学」との原理的な区別をしばしば「微妙な差異」と述べている。判断を差し控える現象学者としてのわたしが超越論的に記述するわたしの「超越論的主観性」はどこまでも世界内の人間としての自我であり、その中の「世界存在に先立つ者」としての次元に属する。しかし、世界に「妥当」を与える「超越論的主観性」は自然的経験による心理学においては捉えられず、それを差し控える「超越論的現象学」によってしか理論的に解明されない「領域」である。Edmund Husserl, *Nachwort*, Halle 1930, (Vgl. V 144-148, 152).

(14) Roman Ingarden, Ibid., S. 30.

(15) 「超越論的観念論」から払拭されえない心理主義的な傾向や独我論的傾向への論難は、後期においても『形式論理学と超越論的論理学』第六六節、『デカルト的省察』第四〇節、第四一節等でも示唆されるように「疑義」を残している。世界への問いは「他者」という懸案となり、フッサールは一九一一年頃から「超越論的主観性」

の問いを「感情移入」による「相互主観性」の連関へと敷衍しなければならなかった。

Roman Ingarden, Ibid., S. 70 ;（Vgl. XVII 178 ; I 114-121）.

(16) フッサールが事物と意識の連関を主題とする理由は、本来的な判断における意味規定を超越論的な構成機能によって解明しようとするからである。フッサールは一九〇七年の『事物と空間』で、次のように事物と意識の関係について述べている。「どの現出も無限に多層な様式で別の現出に移行されうる。この総合は無限に解釈されるとき、この総合の無限性にも拘わらず、一つの確固として規定されたものであり、この確固としたものは、規定される事物に帰属した総合であるべきで、正にこの事物は別様には構成されないからである」。フッサールが一つの事物に帰属する多層な現出連関を「無限の可能性」とすることには、事物という個体には「普遍」が可能性として「妥当」することが意味されている。「超越論的観念論」において認識が批判的に捉えられ、事物の所与性に帰還するのは、この「無限の総合」という「理念」を前提にするからである。『事物と空間』の編者、クレスゲスはフッサールがブレンターノのもとでの兄弟子シュトゥンプフ（一八四八―一九三六）による「実験的現象学」に倣い、「多様体論」を「心的機能」を通じた空間構成に適用した旨を報告している。それによると、平面は「二次元多様体」で、平面上を動く「眼球運動」の働きは、二次元の循環的に向け変わる「能力多様体」を伴い、一次元の線型的な遠隔能力の「多様体」を介し、さらに三次元の空間野へと拡張される。

Ulrich Claesges, *Einleitung des Herausgebers,*（XVI, XXVII ; XVI 152）.

(17) 『イデーン』の最初の企図であった一九一二年の『インク書き草稿』では「地平」について言及されている。そこではフッサールは事物が現実的に与えられる空間-時間を純粋に思考されたものというより、「わたし」を通じて経験される「ここと今」、即ち、経験地平による規定機能によって捉えている（III/2, 522）。

(18) 「多様体」が「確定的」であるということは、対象領域を指定する以前に演繹的導出の体系が、真理として定められることである。これは純粋論理学から真理の論理学や存在論への移行を可能にする考え方へと展開する。岡田光弘「フッサールの形式論理学分析における「多様体」の役割」（『哲学』一〇一号、三田哲学会、一九九七年）一五頁以下参照。

(19) Vgl. Immanuel Kant, *Kritik der reinen Vernunft,* neu hrg. Raymund Schmidt, Hamburg 1976, S. 184b: Vgl.

Aristotle's Physics, rev.W.D.Ross, Oxford 1955.

（20）フッサールは『論理学研究』では論理学の基礎や数学の基礎を空間直観からの派生とみるランゲの心理主義的解釈を批判しているが、ランゲの形式論理学の基礎づけに関しては評価を与えている。その理由はランゲが認識源泉を心理的能力を超えるカントの「形式的観念論」に求めているからである。いわゆる新カント派の先駆をなしたと見なされているランゲは、思考法則としての矛盾律を事実と見なすのでなく、それを「客観的に成立する法則」としている。『算術の哲学』ではフッサールはランゲの普遍的に意識を捉える立場に賛同して、数える働きを「空間表象」の起源としている。（Vgl. XVIII 101-105, 226-227 ; XII 34-44）.

（21）Friedrich Albert Lange, *Logische Studien*, Leipzig 1877, S.131.

第五章

（1）フッサールは意味統一を制約する法則を形式と呼んでいるが、それは統一する枠と合致する内容との二重構造によって成立している。それは有意味な対象可能性を表わす形式である。「普遍学」は「或るもの」による統一であるが、それは調和的に意味構造を形成するさいの法則として論理学的に理解される体系（例えば、三段論法）をなしている。「意味の整合性ないし反意味性（Widersinnigkeit）というのは、客観的不可能性、非両立性（Unverträglichkeit）とは対照的な客観的かつア・プリオリな可能性を意味している。換言すれば、整合性ないし反意味性が意味自身の本質によって制約されており、したがってこの本質からアポディクティッシュに明証的に洞察されうる限り、それは意味された対象の存在の可能性ないし不可能性（意味された対象的諸規定の存在の両立性と非両立性）を意味するのである。客観的に、しかも意味的に整合的な意味と反意味とのこの対立は、われわれの概念規定によれば、意味と無意味の対立とは明確に区別されている。しかしここではさらに質料的（総合的）反意味と形式的または分析的反意味とを区別することも必要である。…（中略）…矛盾律や二重否定の原理や肯定式などの諸法則は、これを規範法則風に言い換えれば形式的反意味を避けるための諸法則（Gesetze des zu vermeidenden formalen Widersinns）である。これら諸法則は、純粋思考形式のみによった場合に一体何が対象と見なされるのか、即ち、対象性が思考されるさいの純粋意味形式のみを拠り所にした場合に、意味される対象性のあらゆる質料性に先立って意味の客観的妥当性について何が言表されうるのかをわれわれに示すのである」（XIX/1, 343）。対象を思考する際に質料的内容を把握する以前にア・プリオリに誤りを避けるための分析論には、純粋意味範疇と形式存在論（対象、性質、数多性）とに分岐する形式的な法則が含まれている。

（2）フッサールにおいて判断は措定の連続と見なされるが、それは「内的時間意識」における内在過程をなす。この統一は「意識流」において順次起動する「自発性」によって形成される。「われわれが何らかの判断、例えば、[2×2＝4] をもっている場合、思念されている事柄そのもの（das Gemeinte als solches）は非時間的イデーである。無数の判断作用の中でも、絶対に同一的な意味で同じことが思念されうるのであり、そしてこの同じことが真であったり、偽であったりする。これをわれわれは命題と解し、判断を命題の相関者と認めることにしよう。こう言うと、では判断作用を命題の相関者と認めるのか、[2×2＝4] と丁度今思念している意識をそう見なすのか、と言う者があるかも知れないが、しかしそうではない。よく考えてみると、わたしは思向されたこと（das Vermeinte）そのものに注意を向けずに、判断の働きをつまり [2×2＝4] ということがわたしに与えられる過程を志向しているのである。ある過程が始まると、わたしは [2×2] という主語概念の形成から始めてこの形成を終えるのであり次いでこれが［＝4］という後続措定（Daraufsetzung）のための基礎措定（Grundsetzung）の役を果たすのである。したがって、その過程は始まり、進行し、終了する自発的な形成の働きである。しかし、わたしが形成するのは論理的命題ではない。命題とはそこで思念されたもののことである。形成されたものは思念されたものではない。先ず [2×2] が自発的に形成され、次いで [2×2＝4] が形成されるのである。[2×2] の意識が自発的に完成され自発的な形成作用によって形成され、そして最後に [2×2＝4] の意識が完成されたのである」（X 130–131）。フッサールは判断作用の「多」によって統一的に捉えられる「命題」を「一」としている。命題だけが真理と虚偽に区別される。非時間的なイデーである命題を形成する諸措定による判断過程が「現出」とされる。

（3）フッサールは『論理学研究』で純粋論理学を「哲学的基礎学（philosophische Fundamentalwissenschaft）」と呼び、それが「技術学」の付属ではなく体系としての「理論の統一」であることを力説している。哲学こそ純粋理論的な関心によって導かれ、理論や法則の本質について、認識批判的な反省を行うからである。そこで、フッサールはライプニッツによる、三段論法という形式理論の拡張である「普遍学」について注意を喚起している。フッサールはライプニッツの「普遍学」を狭義の「量的な普遍学（普通の意味での一般数学）」と広義の「結合術」とに区別している。この結合は「質の普遍学」をなし、公式、順序、相似、関係の理論を担う「記号法（characteristica）」をもつ。代数学はこの「記号法」に従属するが、「記号法」自身は遙かに広い領域に及び、暗号、遊戯、幾何学にまで適用される。ライプニッツは純粋数学的な論証を「形式による論証」と見なしていた。その論証法には「結合術（ars combinatoria）」、普遍的符号法、抽象的形式論が含まれる。フッサールはライプニッツを純粋論理学に近似した「純粋多様体論の精神的父親（der geistige Vater der reinen Mannigfaltigkeitslehre）」と呼んでいる。このように概観するとき、無矛盾の形式的な体系を備える「多様体論」と伝統的な三段論法を拡張した「普遍学」とは共通の形式構造を有したものと理解される。ことさら区別を強調するならば、「多様体論」は「理論の理論」であるが「普遍学」は「諸学問」において「形式的学問の典型」と考えられる（Vgl. XVIII 222–224）。

（4）フッサールは判断の「両立性」を明証における「帰結」として理解するが、それは結合操作的な「多様体論」によって説明される。判断の統一という「両立性」は論理計算における「積算（Multipulikation）」に相当するからである。論理計算では無矛盾を保つ一つの判断への操作的な結合として「積算」が示される。判断において無矛盾であることが洞察されるとき、判断遂行も明晰に可能となり、諸判断から無矛盾の判断体系をなすことができる（Vgl. XVII 146–148）。

（5）フッサールは『理念』では、思考作用が「意識流」における「関連」として統一されるさいの「目的論」について明確に述べている。「過去志向を伴う知覚によって構成されるのが根源的な時間客観であり、そのような意識の内部でのみ時間は所与たりうるのである。それと同時に知覚または想像に基づいて作られる普遍性意識によって構成されるのが普遍者であり、想像および知覚によって、ただし実在措定は別として、構成されるのが単一的本質という意味での直観内容である。そしてさらにこれには、もう一度念のために言えば、こういう場合、常に明証言表の前提となる範疇的作用が加わるのである。その場合に現われる範疇的諸形式は、思考の諸形式を示唆しているのであり、これらの思考形式が適切に組立てられるならば、総合的に結合される基本的作用を基礎に、これらの思考形式によって色々な所与性が、即ち、様々な存在論的形式の諸事態が意識されるのである。…（中略）…認識の内部でのみ対象性一般の本質はそのあらゆる基本形態について研究されうるのであり、認識の中にのみそれは与えられ、明証的に直観されうるのである。この明証直観こそ最も重要な意味での認識である。しかし、対象性はまるで袋の中にでも入っているように認識の中に詰め込まれているものではない。そのように考えられるのは認識というものが、あたかも何時でも空虚な形式でもあるかのように、またその時次第で色々違った品物が詰め込まれる一個の同じ空袋でもあるかのように見なされているからである。しかし、実はそうではなく、われわれは所与性の内に、対象が認識の内部で構成されること、対象性の基本形態やさらに能与的認識作用の基本形態および認識作用の群や関連が色々、区別されることを見るのである。したがって、認識作用はさらに広く解して思考作用一般は、意識の流れの中で何の関連もなく去来する関連なき個別性ではない。それらの作用は本質的に相互に関連し合って目的論的関連性（teleologishe Zusammengehörigkeit）を示し、さらにそれらに対応する充実、保証、論証の諸関連及びそれらと反対のものを示している」（II 71-75）。このとき、論理的所与は内在的所与に見出される目的論を備えた関連に対応する。

（6）伊藤春樹「フッサールにおける形式論理学の二面性について」（東北大学文学会『文化』四七（一・二）一九八三年九月、二一―三九頁）。

（7）伊藤、前掲書、二五頁。

（8）伊藤、前掲書、三一頁。

（9）伊藤、前掲書、三一頁。

（10）伊藤、前掲書、三五頁。

（11）常俊宗三郎「フッサールの純粋論理学」（『関西学院大学研究年報』（二〇）一九八六年、一―二一頁）。

（12）常俊、前掲書、二〇頁。

（13）常俊、前掲書、三頁。

（14）意味の「整合性」や「背理」には普遍的な形式存在論が「意味の形式論」として前提されなければならない。それはまた、「具体的な意味状況」を指定する可能性を伴っている。これは意味を充実するさいの法則であり、意味を結合するア・プリオリな意味複合の形式である。フッサールは具体的な意味形態には素材と形式とが密接に結びつき「一定の意味を備えた形式」のもとに理解されると述べている。「特に意味の領域についていえば、ほんの少し考えてみただけでも分かるように、われわれは幾つかの意味を自由に結合して新しい複合的意味を作る訳ではなく、したがって有意味的に与えられた結合統一の場合は、その諸要素を任意に混ぜ合わすことは許されない。意味は予め規定された一定の仕方でのみ互いに調和し合い、そして統一的な意味をさらに構成するのであり、その反面それ以外の結合の可能性は全て法則的に排除されることになる。つまり、それらの可能性はただ単に幾つかの意味を寄せ集めるだけで、統一的な一つの意味は生みだせないからである。結合の不可能性（Unmöglichkeit der Verknüpfung）は本質法則によるものである。即ち、先ず第一にそれは単に主観的に不可能だということではない。われわれが意味の統一を成就できないのは、ただ単にわれわれには事実上それがなしえないからではない（われわれの精神的組織に拘束されるからではない）。われわれが今ここで問題にしている諸事例の場合、その不可能性は寧ろ、意味領域の本性に、その純粋本質に基づく客観的イデア的な不可能性であることがアポディクティッシュな明証によって把握されねばならない」（XIX/1, 326-327）。フッサールは意味本質を結合する構造に「形式的な本質法則」を見て取っているが、それは後年『論理学』では内在的な機能である明証性によって「超越論的」に解明される。

第六章

（1）　フッサールは『危機書』で、それまでの「方法論」を大胆に修正している。それは「デカルトの道」と呼ばれる「自己省察」の徹底化の道から自然的な「生活世界」へと探究の方向転換を図ろうとするものである。「ここでわれわれは次のように出発しよう。即ち、自然的な生活世界からきっぱりと新たに出発して、世界の先所与性の様態への問いを立てよう。…（中略）…世界はそれが本質にそくして全ての自然的に経過する生においてわれわれに相変わらず自明的に存在するものであり、主観的な現出と妥当の移り変わりのもとに恒常的にありながらも常に新たな自明性という汲み尽くせない充実の内に存在する。…（中略）…それからまず第一にまったく自明的に直接的必然性として呈示される普遍的エポケーの内側で新たな種類のしかも絶えず拡大されてゆく体系的な課題提起が開始される。しかしながら、そのように理解されたエポケー、即ち還元の体系的な貫徹において次のことが明らかになる。つまり、もしこの新しい学問が現実的に具体的にしかも矛盾なしに遂行可能であるべきならば、あるいは同じことだが、もしこの新しい学問が現実的に絶対的に究極の根拠への還元を行い、自然的に素朴な先妥当の気づかれざる背理の混入を回避するべきならば、このエポケーはその全ての課題提起において、意味の明晰化と意味の変容とを必要とすることが明らかとなる。……（中略）……わたしは加えて次のように注意したい。わたしの『イデーン』では超越論的なエポケーへのはるかに手短かな道筋がデカルトの道と名付られたが（このエポケーはデカルトの『省察』のデカルト的エポケーに単に反省的に沈潜することによって、また先入見と混乱のエポケーの批判的な純化によって獲得されたものとして考えられた）、これは次のような大きな欠陥をもっている。つまり、その道はなるほどひと跳びにしてすぐ超越論的主観性には達するが、それに先立つ説明を欠いているので、この超越論的主観性を一見したところ内容空虚のうちに視界にもたらす。それによって何が獲得されうるべきなのか、差し当たって途方にくれてしまうし、しかもそこからどのようにして新しく哲学にとって決定的な完全に新たな種類の基礎学が獲得されるべきなのか途方にくれてしまうのである。わたしの『イデーン』の受容が示したように、容易にしかも始めからそうでなくてさえ非常に陥りやすい素朴で自然的な態度への逆転に屈することになったのもそれゆえなのである」（VI 156-158）。後期フッサールは自然的態度への逆転を招く「超越論的還元」の不備を自己批判しており、『イデーン』で自負された「超越論的立場」を修正したが、他方で「基礎学」への追求も諦めてはいないことをここで留意すべきであろう。「超越論的還元」の目標は、そもそも「意識生」へ遡源する明証的な学問の基礎づけであったはずである。フッサールの周辺ではナトルプ（一八五四―一九二四）やプフェンダーによって、「意識流」の絶対的な所与性をめぐり批判的な議論が沸きおこった。しかし、フッサールにとって志向機能としての明証性は、学問に究極的な基礎を与えるものとして理解され、「普遍学」への企図も、この明証性による基礎づけの方向に終始即応している。

（2）　フッサールは『イデーン』から十年後、一九二三年に論理形成を行う「超越論的主観性」と「自然の存在論」との相関をいよいよ自覚することになり、後者は経験される相対的所与のもとに捉えられ、「存在論的ア・プリオリ」のもとに理解された。「ア・プリオリ」という言葉はフッサールの場合、「基づけ」を広く指していると考えられる。そこで、「自然の存在論」はいわゆる「自然の数学」に相当しており、フッサールの学問的な意図は対象一般に関する形式存在論という「自体的に成立する真理をもたらす」ことが表明される（VIII 225）。

（3）フッサールは一九二〇年代半ばから「モナドの多様体」を内在的な「意識流」において普遍的に見出される調和的な結合体系として主題にしている。フッサールは『第一哲学』（一九二三／四）では、次のようにこの「モナドの共同」について述べている。「現象学的観念論だけが自我に、そして（人間性の絶対者である）絶対的な共同の主観性に真の自律（die wahre Autonomie）を与え、自我に絶対的な自己形態化の力と有意味な可能性を、そして自我の自律的な意志に即して世界形態化の力と可能性を与える」（VIII 506）。そして、フッサールは一九三〇年代初め頃の諸草稿では、調和的に理解される経験の可能性や複合性を「モナドの多様体」によって次のように記述している。「もし、われわれが潜在的に構成された世界の現実的な無限性を、しかも歴史性という必然的形式としての時間継起に関して放棄することなく、他方で共在を有限なものとして、したがってモナドの多様体（die Mannigfaltigkeit der Monaden）を有限な集合として受け取るとすれば、われわれは沈殿した理念という次のような像と適用例をうるであろう。⑴諸モナドの全体は根源的に本能的な交流の内にあり、どのモナドもこの交流の個別的な生において常に生きており、それによってどのモナドも一つの沈殿した生を伴い一つの隠れた歴史をもつが、この歴史は同時に「普遍的な歴史」を内に含むものなのである。眠れるモナド。⑵モナドの歴史の展開：目覚めるモナドと目覚めへの展開には恒常的な基づけとしての眠れるモナドの背景が伴っている。⑶人間的なモナドの展開は世界を構成するものとしてそこでモナドの総体が自己客観化へと位置づけられる形式において浸透するものとして、そしてそこで諸モナドが理性的な自己意識や人間意識や世界了解に達するものとしてある」（XV 609）。このとき、フッサールはモナドをいわば「理性主体（Vernuftsubjekt）」として捉えており、現象学が純粋に形相的な学であるがゆえに一つのモナドが、本質連関を通じて交流して、「モナドの全体（Monadenall）」を相互に実在として現象させうることを表明している。また、フッサールは一九三四年に書かれた別の草稿では、「立ち止まりつつ流れる」ことにおいて世界が構成される「恒常性」について言及している。それによると、モナドは「流れる時間様態における普遍的共在」とされる（XV 636）。フッサール独自のモナドロジー解釈には「多様体論」を介して交流性と内在性とが相互補完的に見出されることになる。「わたしはモナドとしてわたしの内在的生を持つが、これは内在的生の存在形式、共在形式としてのわたしの内在的時間においてである。しかも、これは内在的時間形式におけるものとして、内在の総合におけるものとして統一されるため、その結果、内在的生は内在的時間変遷において同一の時間的存在を丁度、モナドの体験や体験の結合の存在のようにして同一に把握しうるものとして構成する」(XV 636)。これはモナドが内在的時間において同時に見出される共在と継起によって「主観的極」に向かって統一されるようにして普遍的な内在的統一を複数性の統一として構成することである(XV 636)。これはもはや論理的に理解される数学的形式存在の見方によっては考察されないだろう。(Vgl. VIII 181–190, 505–506 ; IX 216–217, 486–487 ; XV 608–610, 634–641).

(4)『経験と判断』の編者であるラントグレーベは、一九二八年にフッサールから一九二〇年代の「発生的論理学」の講義ノートの編集を依頼されている。フッサールはその後ラントグレーベが書いた最初の「緒論」を読んで、一九二九年、『形式論理学と超越論的論理学』を単独で書き上げてしまう。それからラントグレーベは『形式論理学と超越論的論理学』で確定された原理的な思索に沿う形で一九三〇年には「第二稿」を仕上げる。フッサールがこの原稿に補足加筆を施した『経験と判断』は、一九三五年プラハの哲学サークルの一企画として、それも『ヨーロッパ諸学の危機と超越論的現象学』の思想的な圏域に触れるものとして成立することになる。一九一三年に着手されたが、未完に終わった『論理学研究』第二巻第六研究の「改訂稿」も部分的に『経験と判断』の付録として収められている。

Husserl, *Erfahrung und Urteil* (hrg. Ludwig Landgrebe 1939) 4. Aufl. ergänzt Lothar Eley, Hamburg 1972, S. 36.

(5) Ibid., S.37.

(6) Ibid., S.37.

(7) Ibid., S.38.

(8) Ibid., S.39.

(9) フッサールは「生活世界」を根源的な論理活動を行う認識規定の地平として理解している。これは客観的規定を特質とする伝統的な論理学に先だつ「実践的営為」に相当するもので、感性的行為や価値判断などを包括する広い意味で理性的な経験世界を指している。フッサールは、このようにして捉えられる全体地平において論理的な意味形成（狭い意味での理性）が、どのように認識理性を通じて確定されうるのかをここであらためて問い直そうとしている。フッサールが「生活世界」によって経験を普遍的な基盤と見なすとき、そこに本質の帰属する「存在論」が登場する。本質は自由な変項作用によって生み出される「多様体」を通じて「形相」として洞察される「普遍」である。「すべての個物が任意の見本という性格をもつように、変項作用の多様体（Variations-mannigfaltigkeit）にも常に任意性がつきまとっている。その過程にどのようなものが歩みを共にするか、わたしはこのように進行できるという意識の中で、わたしが何を把持しているかといったことはどうでも良いことなのだ。変項作用の多様体には本質的に以下同様に（und so weiter）という顕著な、そして決定的に重要な意識が含まれている。それがあるからこそ開かれた無限の多様体（die offene unendliche Mannigfaltigkeit）と名づけられるものが与えられる。この多様体は明らかに、われわれが遙かに生産を続け、任意に通り過ぎるものを引き寄せて進み、現実的直観の系列を拡大して行くか、それとも遙かに以前に進行を中断するかに関わりなく、その同一性を維持するのである」（*Erfahrung und Urteil*, 413-414）。「形相」としての一般者を洞察することは、「多様体」を必要とする。フッサールはこの基盤上に能動的に統一を捉えることを示唆している。変項を形成する「多様体」は、多数のものを「手放さないで」成立するが、「多くのものに共通する一者」がそこからイデア的な「同一者」として洞察される。経験と本質を結びつける実践的性格をもつ「変項多様体」は、一九二五年夏学期に行われた『現象学的心理学』の講義において既に見出されている。それは「そのようにしたままでどこまでも」という任意の範例的な直観という変項作用が「開かれた過程における多様体」として把握されており、「超越論的主観性」における無限の反復可能性が示唆される（Vgl. IX 76-78）。

（10）フッサールが「知覚の多様体」を自己観察や経験基盤によって判断を基づかせる現象学的方法のもとに捉えていることを忘れてはならない。フッサールは一九一一年、『論理学研究』と『イデーン』の狭間に著わされた『厳密な学としての哲学』においても本質直観にさいして「多様体」の現象学的な必要性を述べている。「実際、いかにして多様な知覚ないし現出（mannigfaltige Wahrnehmungen bzw. Erscheinungen）が同一の対象を現出させるのか、このようにして対象が知覚ないし現出そのものにとって、そしてまたこれらの知覚ないし現出を結合する統一性意識または自同性意識にとって同一でありうるということ、これらは現象学的な本質探究によってのみ明晰に提出されかつ解決されうる問題なのだ（われわれの定式化のやり方は勿論、既にこのような本質探究を予め示している）。このような問題にたいして経験的に自然科学的に解答を与えようと思うのは、それこそこのような問題を理解していないことであり、曲解により背理的な問題に化していることを物語っている。知覚、一般的に言えば経験が、正しくこのように定位された、正にこのように着色された、形成された、等々の対象についての知覚だということとは、知覚の本質の問題であり、たとえ対象の存在がどんな状態であろうとも。このような知覚が一つの知覚の連続に列するが、ある任意な知覚の連続、それについては常に同一の対象が絶えず異った定位等々に自らを現わしているといったものには列してはいないということは、これまた純粋に知覚の本質の問題である」（XXV 35）。フッサールは意識に内在する本質構造を現象学的な問題意識によって捉え、その主題は意識の出来事によって明らかにされる空間表象や時間に関する「根源の問い」であることを表明している。『厳密な学としての哲学』の邦訳者である佐竹哲雄は現象学の展開をフッサールによる継続的な批判の展開に則して次のように規定しており、それによると後期フッサールの「生活世界」の立場は、究極の自然主義批判となる。「フッサールは諸哲学説や諸主張を批判し論破することによって彼自身の哲学たる現象学の領域を見出すのであるが、彼の行った主な批判は心理学主義の批判と実証主義の批判である。彼はまず『論理学研究』において心理学主義の批判を通じてイデア的現象学の領域を見出している。その後で本論文において自然主義の批判と歴史主義の批判を通じて意識における純粋現象の性格を開示し、それによって現象学の層を開拓することをえたのである。さらに本論文において芽え、そして『現象学の理念』や『イデーン』などにおいて精密な展開をみせた実証主義の批判を通して、現象学の方法や構造が完全に開示されるに至ったのである。これらの批判の内で現象学にとって最も重要なものといえばいうまでもなく自然主義の批判を挙げなくてはならぬ。なぜなら自然主義の批判によって初めて自然の事実あるいは実証的事実としての現象存在の性格から真の意味での現象存在即ち、現象学の理解している純粋現象の性格が開示される糸口がえられるからである。とはいえ本論文における自然の考察はまだ自然科学者の実践的側面にのみ向けられているために非常に狭い範囲で不十分不徹底なものに留まっている。しかし、フッサールが『イデーン』から『第一哲学』や『経験と判断』などへと進むにつれて、自然の考察もそれに応じて自然科学から前科学の領域に亘って拡げられ、自然や世界経験や前述定的な経験の領域における存在の批判を試みるに至り、そこに自然主義の批判の完全な整った形が示されてきたのである」（佐竹哲雄、訳者注（一一）、『厳密な学としての哲学』、岩波書店、一九六九年、一二四頁）。

(11) Ulrich Claesges, *Zweideutigkeiten in Husserls Lebenswelt-Begriff*, in: *Phänomenologica* 49, Den Haag 1972,S. 85-101.

(12) Ibid., S.89.

(13) Ibid., S.91.

(14) Ibid., S.94.

(15) Ibid., S.95.

(16) Ibid., S.100.

(17) Ibid., S.93.

(18) Ibid., S.99.

(19) Ibid., S.100.

(20) Ibid., S.97.

(21) Hubert Hohl, *Lebenswelt und Geschichte*, Freiburg/München 1962, S.26.

(22) Ibid., S.30.

(23) Ibid., S.35.

(24) Ibid., S.40.

(25) Ibid., S.51.

(26) Ibid., S.53.

(27) Ibid., S.55.

(28) Ibid., S.63.

(29) フッサールの相互主観性における「感情移入」の導入にも理解を示したスイスの精神医学者、ビンスワンガー

（一八八一―一九六六）は『論理学研究』（一九〇〇／一）や『イデーン』（一九一三）で示された「本質」を洞察する現象学的な方法論について次のように述べている。「形相の学である現象学は全ての学問、自然科学も精神科学も含めた全ての学問とは異なって、それらの基礎をなしているア・プリオリな、あるいは純粋な諸体験をはっきり取り出し、それらの純粋な諸体験を純粋に、つまりそれらを具体的に実現したり、理論的に裏づけたりすることなしに、記述しようという要求を掲げている。つまり、それは純粋数学が物理学にたいして取ろうとしているのと同じ態度を全ての学問にたいして取ろうとする。この点を理解するためには、現象学的方法と呼ばれているものに、つまり、経験的で個人的な事実から超経験的で普遍的な、あるいは純粋な本質へと一歩一歩進んでゆく道程に眼を向けなくてはならない」（*Vgl.* Ludwig Binswanger, *Ausgewählte Vorträge und Aufsätze* I, Bern 1947, S. 21-33. ビンスワンガー『現象学的人間学』荻野恒一・宮本忠雄・木村敏訳、みすず書房、一九六七年、二二頁参照）。以上、ビンスワンガーがフッサールによる本質を洞察する方法で自然科学的な方法からの決別が意図されていることを既に見抜いている点が注目に値する。直観に基づいて構成される「範疇的直観」を「本質直観」と同一視することにはひょっとすると現在の研究者からかなり異論の余地があるかもしれないが、非感性的な知覚内容への直観の拡大解釈について「範疇的直観は感性を超えてのみ構成される」という見解によってビンスワンガーは、初期と中期現象学の繋がりの重要性を適切に理解していると言えるであろう。それは現象学的な方法論に含まれる「実践的な精神性」をビンスワンガーがいち早く把握していたからである。

文献表（原典とその引用にさいして参照した主な邦訳書）

A.（全集版）*Edmund Husserl-Gesammelte Werke*, Dordrecht/Boston/London.

Husserliana Band I, *Cratesianische Meditationen und Pariser Vorträge*, hrg. S. Strasser, 1950. フッサール『デカルト的省察』船橋弘訳、中央公論社、一九七〇年。

Husserliana Band II, *Die Idee der Phänomenologie*, hrg. W. Biemel, 2. Aufl., 1973. フッサール『現象学の理念』立松弘孝訳、みすず書房、一九六五年。

Husserliana Band III, *Ideen zu einer reinen Phänomenologie und Phänomenologischen Philosophie*, Erstes Buch, hrg. W. Biemel, 3. Aufl., 1950. フッサール『イデーン』I-I渡辺二郎訳、みすず書房、一九七九年、フッサール『イデーン』I-II渡辺二郎訳、みすず書房、一九八四年。

Husserliana Band III/1, *Ideen zu einer reinen Phänomenologie und Phänomenologischen Philosophie*, Erstes Buch 1. Halbband 3. Aufl., neu hrg. K. Schumann, 1976.

Husserliana Band III/2, *Ideen zu einer reinen Phänomenologie und Phänomenologischen Philosophie* 2. Halbband Ergänzende Texte（1912-1929）, neu hrg. K. Schumann, 1976.

Husserliana Band IV, *Ideen zu einer reinen Phänomenologie und Phänomenologischen Philosophie*, Zweites Buch, hrg. M. Biemel, 1952. フッサール『イデーン』II-I立松弘孝・別所良美訳、みすず書房、二〇〇一年。

Husserliana Band V, *Ideen zu einer reinen Phänomenologie und Phänomenologischen Philosophie*, Drittes Buch, hrg. M. Biemel, 1971.

Husserliana Band VI, *Die Krisis der europäischen Wissenschaften und die transzendentale Phänomenologie*, hrg. W. Biemel, 2. Aufl., 1976. フッサール『ヨーロッパ諸学の危機と超越論的現象学』細谷恒夫・木田元訳、中央公論社、一九七四年。

Husserliana Band VII, *Erste Philosophie*, Erster Teil, hrg. R. Böhm, 1956.

Husserliana Band VIII, *Erste Philosophie*, Zweiter Teil, hrg. R. Böhm, 1959.

Husserliana Band IX, *Phänomenologische Psychologie*, hrg. W. Biemel, 2.Aufl., 1969. フッサール『ブリタニカ草稿』田原八郎訳、せりか書房、一九八〇年。

Husserliana Band X, *Zur Phänomenologie des inneren Zeitbewußtseins*, hrg. R. Böhm, 1966. フッサール『内的時間意識の現象学』立松弘孝訳、みすず書房、一九六七年。

Husserliana Band XI, *Analysen zur passiven Synthesis*, hrg. M. Fleischer, 1966. フッサール『受容的総合の分析』山口一郎・田村京子訳、国文社、一九九七年。

Husserliana Band XII, *Philosophie der Arithmetik*, hrg. L. Eley, 1970.

Husserliana Band XIII, *Zur Phänomanologie der Intersubjektivität*, Erster Teil, hrg. I. Kern, 1973.

Husserliana Band XIV, *Zur Phänomanologie der Intersubjektivität*, Zweiter Teil, hrg. I. Kern, 1973.

Husserliana Band XV, *Zur Phänomanologie der Intersubjektivität*, Dritter Teil, hrg. I. Kern, 1973.

Husserliana Band XVI, *Ding und Raum*, hrg. U. Klaesges, 1973.

Husserliana Band XVII, *Formale und traszendentale Logik*, hrg. P. Janssen, 1974.

Husserliana Band XVIII, *Logische Untersuchungen*, Erster Band, hrg. E. Holenstein, 1975. フッサール『論理学研究』1立松弘孝訳、みすず書房、一九六八年。

Husserliana Band XIX/1, *Logische Untersuchlungen*, Zweiter Band Erster Teil, hrg. U. Panzer, 1984. フッサール『論理学研究』2立松弘孝・松井良和・赤松宏訳、みすず書房、一九七〇年、フッサール『論理学研究』3立松弘孝・松井良和訳、みすず書房、一九七四年。

Husserliana Band XIX/2, *Logische Untersuchlungen*, Zweiter Band Zweiter Teil, hrg. U. Panzer, 1984. フッサール『論

理学研究』4立松弘孝訳、みすず書房、一九七六年。
Husserliana Band XX/1, *Logische Untersuchlungen*, Ergänzungsband Erster Teil,hrg. U. Melle, 2002.
Husserliana Band XXI, *Sudien zur Arithmetik und Geometrie*, hrg. I. Strohmeyer, 1983.
Husserliana Band XXII, *Aufsätze und Rezensionen*, hrg. B. Rang, 1979.
Husserliana Band XXIII, *Phantasie, Bildbewußtsein, Erinnerung*, hrg. E. Marbach, 1980.
Husserliana Band XXIV, *Einleitung in die Logik und Erkenntnistheorie. Vorlesungen* 1906/07, hrg. U. Melle, 1984.
Husserliana Band XXV, *Aufsätze und Vorträge* 1911-1921, hrg. T. Nenon und H. R. Sepp, 1987. フッサール『厳密な学としての哲学』佐竹哲雄訳、岩波書店、一九六九年。
Husserliana Band XXVI, *Vorlesungen über Bedeutungslehre Sommersemester* 1908, hrg. U. Panzer, 1987.
Husserliana Band XXVII, *Aufsätze und Vorträge* 1922-1937, hrg. T. Nenon und H. R. Sepp, 1989.
Husserliana Band XXVIII, *Vorlesungen über Ethik und Wertlehre* 1908-1914, hrg. U. Melle, 1988.
Husserliana Band XXIX, *Die Krisis der europäischen Wissenschaften und die transzendentale Phänomenologie.* Ergänzungsband Texte aus dem Nachlass 1934-1937, hrg. R. N. Smid, 1993.
Husserliana Band XXX, *Logik und allgemeine Wissenschaftstheorie. Vorlesungen* 1917/18, hrg. U. Panzer, 1996.
Husserliana Band XXXI, *Aktive Synthesen aus der Vorlesung Transzendentale Logik* 1920/21, hrg. R. Breeur, 2000.
Husserliana Band XXXII, *Natur und Geist. Vorlesungen Sommersemester* 1927, hrg. M. Weiler, 2001.

B. 全集以外にフッサールの著作として認められているもの

Edmund Husserl, *Erfahrung und Urteil* (hrg. L. Landgrebe, 1939) 4. Aufl., ergänzt. L. Eley, Hamburg 1972. フッサール『経験と判断』長谷川宏訳、河出書房、一九七五年。
Edmund Husserl, *Briefe an Roman Ingarden*, hrg. R. Ingarden, Den Haag 1968. エドムント・フッサール/ロマン・インガルデン『フッサール書簡集一九一五—一九三八』桑野耕三・佐藤真理人訳、せりか書房、一九八二年。
Dorion Cairns, *Conversations with Husserl and Fink*, Den Haag 1976.

C. 参考文献（フッサール現象学に関するもの；著者のアルファベット順）

Suzanne Bachelard, *A Study of Husserl's Formal and Transcendental Logic*, Evanston 1968.

Oskar Becker, *Beiträge zur Phänomenologischen Begründung der Geometrie und ihrer physikalischen Anwendung*, 2.Aufl., Tubingen 1973.

Ludwig Binswanger, *Ausgewählte Vorträge und Aufsätze* I, Bern 1947. ルートウィヒ・ビンスワンガー『現象学的人間学』荻野恒一・宮本忠雄・木村敏訳、みすず書房、一九六七年。

Gerd Brand, *Welt, Ich und Zeit*, Berlin 1955. ゲルト・ブラント『世界・自我・時間』新田義弘・小池稔訳、国文社、一九七六年。

Ulrich Claesges, *Edmund Husserls Theorie der Raumkonstitution*, Den Haag 1964.

Ursula Rohr-Dietsch, *Zur Genese des Selbstbewußtseins*, Berlin/New York 1974.

Gunther Eigler, *Metaphysische Voraussetzungen in Husserls Zeitanalysen*, Meisenheim am Glan 1961.

Lothar Eley, *Die Krise des Apriori*, Den Haag 1962.

Lothar Eley, *Metakritik der Formalen Logik*, Den Haag 1969.

Eugen Fink, *Die phänomenologische Philosophie Edmund Husserls in der gegenwärtigen Kritik*, in : *Studien zur Phänomenologie* 1930-1936, Berlin 1966. オイゲン・フィンク「エトムント・フッサールの現象学的哲学と現代の批判」（『フッサールの現象学』新田・小池訳、以文社）一九八二年、五一—九〇頁。

Eugen Fink, VI. *Cartesianische Meditation*, Teil1. (1932), hrg. H. Ebeling, J. Holl und G. van Kerckhoven, Dordrecht/Boston/London 1988. フィンク『超越論的方法論の理念』新田義弘・千田義光訳、岩波書店、一九九五年。

Klaus Held, *Lebendige Gegenwart*, Den Haag 1966. クラウス・ヘルト『生き生きとした現在』新田義弘他訳、北斗出版、一九八八年。

Hubert Hohl, *Lebenswelt und Geschichte*, Berlin 1962. フーバート・ホール『生活世界と歴史』深谷昭三・阿部未来

訳、行路社、一九八三年。

Roman Ingarden, *On the Motives which led Husserl to Transcendental Idealism*, transl. A. Hannibalsson, Den Haag 1975.

Iso Kern, *Husserl und Kant*, Den Haag 1964.

Franz Kutschera, *Über das Problem des Anfangs der Philosophie im Spätwerk Edmund Husserls*, München 1960.

Ludwig Landgrebe, *Der Weg der Phänomenologie*, Gütersloh 1963. ルートヴィッヒ・ラントグレーベ『現象学の道』山崎庸佑・甲斐博見・高橋正和訳、木鐸社、一九八〇年。

Dieter Lohmar, *Phänomenologie der Mathematik*, Dordrecht/Boston/London 1989.

Ullrich Melle, *Das Wahrnehmungsproblem und seine Verwandlung in Phänomenologischer Einstellung*, Den Haag/Boston/Lancaster 1983.

James Philip Miller, *Numbers in Presence and Absence*, Den Haag 1982.

Bernold Picker, *Die Bedeutung der Mathematik für die Philosophie Edmund Husserls, Philosophia Naturalis* 7, New York 1961-1962, S. 266-355.

Paul Ricoeur, *Husserl*, transl. E. G. Ballard and L. E. Embree, Evanston 1967.

Georg Römpp, *Husserls Phänomenologie der Intersubjektivität*, Dordrecht/Boston/London 1992.

Klaus Rosen, *Evidenz in Husserls deskriptiver Transzendentalphilosophie*, Meisenheim am Glan 1977.

Karl Schumann, *Husserl über Pfänder*, Den Haag 1973.

Karl Schumann, *Husserl-Chronik*, Den Haag 1977.

Robert Sokolowski, *Husserlian Meditations*, Evanston 1974.

Robert Sokolowski, *The Formations of Husserl's Concept of Constitutions*, Den Haag 1977.

Herbert Spiegelberg, *The phenomenological Movement* Vol.1, Den Haag 1971.

Robert Tragesser, *Phenomenology and Logic*, Ithaca/London 1977.

Ernst Tugendhat, *Der Wahrheitsbegriff bei Husserl und Heidegger* 2. Aufl., Berlin 1970.

D. 参考文献（それ以外のもの）

Hugo Bergmann, *Bolzanos Beiträge zur philosophischen Grundlegung der Mathematik*, Halle 1909.

Bernald Bolzano, *Grundlegung der Logik. Ausgewählte Paragraphen aus der Wissenschaftslehre* Band I und II, hrg. F. Kambartel, Hamburg 1963.

Bernald Bolzano, *Phradoxien des Unendlichen*, hrg. Fr. Přihonsky, Leipzig 1921. ベルナルト・ボルツァーノ『無限の逆説』藤田伊吉訳・解説、みすず書房、一九七八年。

George Boole, *The Mathematical Analysis of Logic*, London 1847. ジョージ・ブール『論理の数学的分析』末木剛博監修・西脇与作訳、公論社、一九八七年。

Franz Brentano, *Philosophische Untersuchungen zu Raum, Zeit und Kontinuum*, hrg. S. Körner und R. M. Chisholm, Hamburg 1976.

Georg Cantor, *Beiträge zur Begründung der transfiniten Mengenlehre,* in: *Mathematische Annalen* Band 46, S. 481–512, 1895, und *Mathematische Annalen* Band 49, S. 207–226, 1897. ゲオルク・カントル『超限集合論』功力金二郎・村田全訳、共立出版、一九七九年。

Joseph Warren Dauben, *Georg Cantor*, New Jersey 1979.

Moritz W. Drobisch, *Neue Darstellung der Logik*, 5. Aufl., Hamburg/Leipzig 1887.

Euclid, *Elementa,* in: *Euclidis Opera omnia* I–IV, ed. I. L. Heiberg, Lipsiae 1883–1916. ユークリッド『原論』中村幸四郎・寺坂英孝・伊藤俊太郎・池田美恵訳、共立出版、一九七〇年。

Robert Grassmann, *Die Logik*, Stettin 1900.

Hermann v. Helmholtz, *Schriften zur Erkenntnisstheorie*, hrg. Paul Hertz und Moritz Schlick, Berlin 1921.

Johann F. Herbart, *Lehrbuch zur Einleitung in die Philosophie*, hrg.W. Henckmann, Hamburg 1993.

David Hilbert, *Grundlagen der Geometrie*, Leipzig 1899. ダヴィット・ヒルベルト『幾何学の基礎』寺坂英孝・大西正男訳、共立出版、一九七〇年。

Immanuel Kant, *Kritik der reinen Vernunft*, hrg. K. Vorländer, Hamburg 1971.

Immanuel Kant, *Kritik der praktischen Vernunft*, hrg. K. Vorländer, Hamburg 1990.

Felix Klein, *Das Erlanger Programm*, Erlangen 1872. フェリックス・クライン『エルランゲン・プログラム』寺坂英孝・大西正男訳、共立出版、一九七〇年。

Felix Klein, *Vorlesungen über die Entwicklung der Mathematik im 19. Jahrhundert*, Berlin 1926. クライン『19世紀の数学』彌永昌吉監修、足立恒雄・浪川幸彦監訳、石井省吾・渡辺弘訳、共立出版、一九九五年。

Julius König, *Neue Grundlagen der Logik, Arithmetik und Mengenlehre*, Leipzig 1914.

Stephan Körner, *Philosophie der Mathematik*, München 1968. ステファン・ケルナー『数学の哲学』山本新訳、公論社、一九八七年。

Friedrich Albert Lange, *Logische Studien*, Iserlohn 1877.

Detlef Laugwitz, *Bernhard Riemann*, Basel 1996. デートレフ・ラウグヴィッツ『リーマン』山本敦之訳、シュプリンガー東京、一九九八年。

Bernhard Riemann, *Gesammelte Mathematische Werke*, neu hrg. R. Narasimhan, Leipzig 1990. ベルンハルト・リーマン『幾何学の基礎をなす仮定について』矢野健太郎訳、共立出版、一九七一年。

Moritz Schlick, *Raum und Zeit in der gegenwärtigen Physik*, Berlin 1922.

Erhard Scholz, *Geschichte des Mannigfaltigkeitsbegriffs von Riemann bis Poincaré*, Boston 1980.

Hermann Weyl, *Philosophy of Mathematics and Natural Science*, New Jersey, 1950. ヘルマン・ワイル『数学と自然科学の哲学』菅原正夫・下村寅太郎・森繁雄訳、岩波書店、一九五九年。

Hermann Weyl, *The Continuum*, transl. S. Pollard and Th. Bole, New York 1987.

E. 日本人による参考文献（出版年代順）

高橋里美『フッセルの現象学』第一書房、一九三一年。

下程勇吉『フッセル』弘文堂書房、一九三六年。

能代清『極限論と集合論』岩波書店、一九四四年。

永井博『ライプニッツ研究』筑摩書房、一九五四年。

武隈良一『数学史』培風館、一九五九年。

立松弘孝編『フッサール』世界の思想家一九、平凡社、一九七六年。

新田義弘編『現象学の根本問題』現代哲学の根本問題　第八巻、晃洋書房、一九七八年。

新田義弘『現象学』岩波全書、岩波書店、一九七八年。

新田義弘『現象学とは何か』紀伊國屋書店、一九七九年。

木田元・滝浦静雄・立松弘孝・新田義弘編『講座現象学』一―四、弘文堂、一九八〇年。

中村幸四郎『近世数学の歴史』日本評論社、一九八〇年。

田島節夫『フッサール』人類の知的遺産、講談社、一九八一年。

高木貞治『解析概論』改訂第三版、岩波書店、一九八三年。

加藤精司『フッサール』人と思想、清水書院、一九八三年。

吉田耕作『解析学Ｉ』共立出版、一九八六年。

竹田青嗣『現象学入門』ＮＨＫブックス五七六、日本放送出版協会、一九八九年。

新田義弘・常俊宗三郎・水野和久編『現象学の現在』世界思想社、一九八九年。

村田純一・新田義弘他『現象学運動』岩波講座　現代思想六、岩波書店、一九九三年。

近藤洋逸『数学史著作集』第一巻「幾何学思想史」佐々木力編、日本評論社、一九九四年。

木田元・野家啓一・村田純一・鷲田清一編『現象学事典』弘文堂、一九九四年。

F．日本人による雑誌論文（著者の五十音と発行年順）

伊藤春樹「フッサールにおける形式論理学の二面性について」（『文化』四七（一・二）、東北学院大学文学会一九八三年、二一一―三九頁）。

伊藤春樹「フッサールにおける概念語の対象について」（『文化』四七（三・四）、東北学院大学文学会、一九八四年、一六九―一八八頁）。

伊藤春樹「合理性と客観主義」(『東北学院大学論集一般教育』九三、東北学院大学文経法学会、一九八九年、二三一―二四四頁)。

伊藤春樹「導出と真理」(『東北学院大学論集一般教育』九七、東北学院大学学術研究会、一九九〇年、一―三二頁)。

岡田光弘「フッサールの形式的論理分析における「多様体」概念の役割」(『哲学』一〇一、三田哲学会、一九九七年、一―四三頁)。

常俊宗三郎「意味の形式論」(『人文論究』三〇(三)、関西学院大学人文学会、一九八〇年、一―三五頁)。

常俊宗三郎「フッサールの純粋論理学」(『関西学院哲学研究年報』(二〇)、関西学院大学人文学会、一九八六年、一―二一頁)。

常俊宗三郎「フッサールの本質論」(『人文論究』四二(一)、関西学院大学人文学会、一九九二年、一―一五頁)。

三上真司「タルスキー・フッサール・絶対主義」(『横浜市立大学論叢人文科学系列』四七(一)、横浜市立大学学術研究会、一九九六年、一一五―一四二頁)。

三上真司「フッサールと実在論」(『横浜市立大学論叢人文科学系列』四八(一)、横浜市立大学学術研究会、一九九七年、四七―八一頁)。

三上真司「フッサールにおける真理概念について」(『現象学年報』一三、日本現象学会、一九九七年、一三五―一四六頁)。

あとがき

本書は一昨年（平成十七年）、同志社大学に提出して審査の後、学位を頂いた博士論文に若干の修正を施したものである。

加えて、本年度、本書の出版にあたり、著者が奉職して間もない旭川大学より望外の助成を賜ることになった。関係各位には心から謝意を表したい。「北の砦」として当地の教育、研究に著者自身は、これからも情熱と忍耐、そしてなによりも学生への愛情を忘れずに着実に歩みを進めてまいりたいと衷心から願ってやまない。

最後に、本書の制作にあたり、いつもながら尽力してくださった人文書院の谷誠二氏には変わらぬ尊敬と深甚の感謝を捧げたい。

平成十九年四月

北の大地にて　信木晴雄

著者略歴

信木晴雄（のぶき・はるお）

1958 年東京都生まれ。京都大学文学部哲学科卒業。
同志社大学大学院博士後期課程満期退学。
同志社大学嘱託講師、京都府立医科大学非常勤講師を経て、
現在、旭川大学准教授。哲学博士（同志社大学）、日本フィヒテ協会会員。
『フッサール多様体理論の解明』（丸善プラネット、1997）
『無辜の哲学』（人文書院、2000）
『現象学入門』（丸善プラネット、2001）
『眼の光』（人文書院、2001）
『自然哲学における n- 次元多様体』（国際出版研究所、2003）
『痕跡』（国際出版研究所、2004）などの著書がある。

ISBN978-4-409-04087-4 C3010

フッサール現象学《げんしょうがく》における
多様体論《たようたいろん》

二〇〇七年七月一〇日　初版第一刷印刷
二〇〇七年七月一五日　初版第一刷発行

著　者　信木晴雄
発行者　渡辺博史
発行所　人文書院
〒六一二-八四四七
京都市伏見区竹田西内畑町九
電話〇七五（六〇三）一三四四
振替〇一〇〇〇-八-一一〇三
印刷　亜細亜印刷株式会社
製本　坂井製本所